浄土真宗に還る

Hashimoto Toru

橋本 徹

東方出版

はじめに

二〇一一年三月一一日、わたしは、その瞬間ふらついている自分の体を疑いました。書斎につり下げてある電灯が左右にゆっくりと振り子のように動いていることに気づき地震であることがわかりました。ゆれは緩やかだったが尋常ならざることを察知しました。阪神淡路大震災の時は早朝でした。ベッドから転げ落ちたことを思い出していました。東日本大震災が発生したのです。わたしは直ちにテレビを見ました。そしてそれから数時間の間、地震と津波の実況放送を見たのです。そして東京電力福島第一原子力発電所（福島第一原発）がいともたやすく崩壊していくさまを知らされたのです。わたしは、そのすさまじい震災と津波にことばを失い、そして原子力発電所（原発）の崩壊に怒りを抑えることができないでいました。かつて能登の珠洲で起こった原発の建設計画に反対したことを思い出しました。そして、これまでいかに電力会社が虚偽の「安全神話」なるものをでっちあげてきたかを確実に思い知ったのです。悔しい思いでいっぱいになりました。爾来、わたしは、自分の体調がさらに不安定になってきていることに気づかされました。

東日本大震災による地震と津波の犠牲になられた多くの方々、そしていまも被災地近くで、また親戚や知人を頼りに故郷を離れ避難されている方々に、心よりお悔やみとお見舞いを申しあげます。さらに大震災とともに、福島第一原発の核燃料が融解（メルトダウン）し膨大な放射能が放出し、避難されている方々、また原発事故の被曝で動植物とともに故郷を失った方々に心よりお見舞い申しあげます。

この度の原発事故から思い出すことがいろいろとありますが、その根源は、ヒロシマ、ナガサキです。そして身近には、京都と深いご縁のある文学者であった水上勉の故郷である福井県おおい町にある水上文庫（若州一滴文庫）を訪ねたときのことです。若州とは若狭の別称です。一滴文庫には水上文学に関係する資料や蔵書が展示されています。また水上勉の名作にちなんだ越前竹人形劇場もあります。そのおおい町は小浜湾に面しているのです。一時間ほどの間であったでしょうか。その帰り際、水上勉が天空をわがもの顔にはしる高圧線を見上げ、

ここの電力はみんな京都や大阪にいくんですわ。若狭はその犠牲になってますのや

と語ったことを思い出すのです。

「原発銀座」という異名をつけられた若狭。おおい町はそのなかほどにあります。水上勉が見上げて語った高圧線は、小浜湾の先端に突き出た大島の大飯原発で発電されているのです。小浜湾には、大飯原発への立派な橋が架けられ、また地元には、立派な公共施設が立ち並んでいます。

原発建設の見返りであるとわかりました。いま地図でみると大飯原発は小浜湾の要のような位置にあります。水上勉のことばを思い出したのは、福島第一原発のメルトダウンから二カ月が経過したころでした。あのとき水上勉がいわんとしたことは原発事故の恐ろしさでした。

二〇一一年三月一一日、わたしは、次のようなことを丸山真男の『日本の思想』の裏表紙にメモしていました。

水力や石炭から石油、そして原子力とあたかも発展してきたかのような日本の電力エネルギーは、福島第一原発で、それがいかにまやかしであったかを痛切に体験した。欺瞞のエネルギー政策が暴露された。そして、それは、もはや再生することのできない崩壊であるだけでなく自然への背理であった。

これからは、四〇インチのテレビ画面を二〇インチにも一〇インチにも縮小する。メディアも真実を報道する。エネルギーの選択、情報の選択が肝心だ。そしてこれからはより微少なエネルギーで動く自然な社会を倫理とする社会に向かっていくほかない。そのためには技術（資本）によってではなく、自然のエネルギーに学び自然な社会に向かうほかない。

資本も市場も認めたくないでしょうが、日本は、もはや大国になる必要はないのです。後述しますが、大国日本の繁栄は「正しい大人」の働きでもなければ価値でもないのです。一九四三（昭和一八）年に生まれたわたしは、大国日本がどうような世界情勢のもとでつくられてきたかを肌身に感じてきました。敗戦から五年後の朝鮮戦争で日本の軍需産業からあらゆる産業の発展が起きたのです。

アジア太平洋一五年戦争後の産業エネルギーは、石炭から石油、そして原子力によるエネルギーへと発展してきたように喧伝されてきましたが、その現実は、虚偽な事実と「安全神話」によって思い込まされてきたに過ぎません。関西電力の発電量の半分近くは原子力発電に頼っているという話も聞きましたが、３・11後、すべての原発は停止しているではありませんか。そのエネルギーは、資本を支え、同時に金融市場に与し世界を消費の場とする産業に与してきたのです。世界市場でトップクラスを占めている自動車や家電製品も電力を源とするエネルギーで発展してきたのです。また農産物も電力や石油に依存する産業になっています。真冬にトマトやキュウリを食することに疑問を抱く人はもういない社会になってしまいました。それがどのような資本と技術、そして流通によって市場を形成しているのかという思いをはせることもない、そのような生活を、あたりまえのことだと思うようになってきたのです。マーケットで手軽に買えるさまざまな食品にも、昔には想像もできない膨大なエネルギーが消費され、大量に生産され、そして大きな余剰資本（儲け）を生み出しているのです。外国の野菜が店頭に並ぶことに違和感もない生活です。そして、より多く消費する人が、より豊かな生活だと思う、そのような社会を作ってきたように思えてなりません。

わたしはいま京都府下の田舎で生活しています。すべてではないですが地産地消の生活を体験できます。野菜はほとんど地元で採れています。プラスティックで包装することもありません。冷凍庫もいりません。季節季節の野菜です。それで充分なのです。そして田舎の生活で歩くことの大切さをおぼえました。もっとも田舎の高齢者も自動車を使用していますが、わたしは、できるだけ歩くことにしています。

また次のような経験もありました。かつて諸外国から帰国したときにいつも日本の街の明るさが気になりました。ローマやパリの街に比較してもそうです。不夜城といってもいいような東京都心の夜の明るさは、世界でも屈指でした。そしていま福島第一原発のメルトダウンは、これまでの日本のエネルギー政策のみならず、わたしたち一人ひとりの生活を見直すべき事故になっているという他ありません。それは同時にヒロシマ・ナガサキを体験した日本及び日本人の戦後の歴史的品位、そして、その後に生まれてきた文化が問われているといっていいのです。それにもかかわらず資本は、復興の名のもとに政治（税金）にたかっています。

かつて足尾銅山の鉱毒によって滅亡した谷中村の事件と、福島第一原発のこのたびの事件を検証すれば、そこには、国家権力と大資本の癒着構造を読み取ることを誰も否定しないでしょう。また荒畑寒村は、谷中村が滅亡した日を、「明治四〇年六月二九日である」と記録しています。また福島第一原発のメルトダウンの結果は、少なくとも三カ月間、政府と東京電力によって隠されていました。その後も放射能の放出はやむことがありません。ようやく廃炉を決定したいま、廃炉が終わるまでに早くても四〇年はかかるといわれています。そしていまも崩壊した原子炉からは大量の放射能を放出しています。廃炉のために注ぎ込まれた放射能を含んだ大量の水が地下や海に流れ込んでいることを否定できる科学者もいないでしょう。それはまた福島第一原発だけの問題ではありません。世界中の原発がこれから何万年と人間のみならず自然を放射能にさらし、そして人類の品性を汚し続けるのです。

その夏（二〇一一）、わたしは広島に行くことにしました。ヒロシマ・ナガサキを体験した日本人は、倫理として、反原子力が被爆国日本人の矜持であるべきだという信念でした。政官産学の側に「原子力の平和利用」などという理屈や利益があっても、原発は核爆発をエネルギーとするのです。そのことを決して許してはならないのです。福島第一原発の事故は、日本人としての矜持を踏みにじっているのです。世界は、福島第一原発の事故をいつどのように終息することができるのかを注目していますが、それは同時に、重ねて書きますが、わたしたち日本人の矜持を心底から糺し、反省を求めているといってもいいのでしょう。同時に、わたしは、反原発の意志を、世界に強く示す責任を痛感いたしました。

二〇一一年八月三〇日、三一日の二日間、わたしは、数十年ぶりに広島平和記念資料館を訪ねました。資料館の近くのベンチに西欧からきたと見える女性がいまにも崩れ落ちそうに坐っていました。悄然とした感じです。彼女は、はじめて原爆の恐ろしさを実感していたのでしょう。それは愚かしい政治と科学、そして資本がもたらした惨劇です。その日、記念資料館の売店で一九五一年初版の岩波文庫『原爆の子』が前年十月にワイド版になって再版されているのを見て購入しました。広島駅近くのホテルに一泊し一晩、読みふけりました。『原爆の子』の初版が刊行されたのは朝鮮戦争が始まった翌年です。それはまたサンフランシスコ講和条約の前年でもありました。そしてすでにその時代に「原子力の平和利用」ということばが占領軍（ＧＨＱ）のプロパガンダによって『原爆の子』にまで広まっていたのです。被爆した一人の女子学生は「原子の力をも、このような人間の生命を失わせる手段に利用せず、人類の文化の発展に利用すべきであろう」と記していたのです。

本文中の方々の敬称は略しています。ご容赦ください。
引用文については読みやすさを考え、旧字を新字にあらためめ、
適宜ふりがなを加えたり取ったりした箇所があります。

◆目次

「正しい大人」

1

本章で書いてみたいと思う「正しい大人」とは、浄土真宗に還ることを意味します。それはどういうことかというと、次のように考えています。

自分が時代社会に生きている、存在している、その事実を他者のみならず自然とともに、自分の責任として担えることです。後述しますが、スピノザのいう自然権は、その意味では、国家に対する人間権を自然権として糺しています。わたしのいう浄土真宗に還るのも、国家を相対化します。そして、思惟しつつ、国家を超越することです。

こんな経験があります。諸外国の人が集まる会議でした。それぞれが自己紹介をするのですが、わたしは「日本に生まれ育ちました」といいました。他の日本人は、「わたしは日本人です」といっていました。ちょっとしたことばの違いです。でもわたしは、自分で国籍を選んで生まれたわけではありません。そのことにこだわっていたのでしょう。でもそのようなこだわりに意味があるのかどうか。それはなんとでも判断できるでしょう。でもこだわらなければ意味がわからなかったり自分勝手な思いに落ち込んでいることさえ気づかないでしょう。

では、「正しい大人」になるには、どうすればいいのでしょうか。そのためには、まず自分を探索しなければなりません。見極めるのです。といっても、それは宗助（漱石『門』の主人公）が参禅して老師からあたえられた「父母未生以前本来の面目」といった思惟不能をもって探索することではありません。そうではなくて、自分と他者、そして自然とがともにあるシステムを思惟しつつ、生きていることへの感動からはじまるのだと思います。そうした感動できる感性とともに、その感性を行（リビング・鈴木大拙の訳）にまで育てることです。「正しい大人」は、そこからすべてはじまります。責任も生まれます。真宗学者である信樂峻麿はその行を次のように講義しました。

私がその主体をかけて選び取る。その私の営みが「行」だというわけです。だからその行とは、たんに口に称えるという単純なことではなく、私が私の全主体をかけて、無礙光如来に帰命したてまつる、それを唯一絶対の真実として選び取るという、その私の行為を「行」といったのです。（中略）

リビングというのは、生活とか、生存という、その人生生活の全体を指している言葉でしょう。単にひとつの行為とか、ある特定の何かの行動を指すのではなく、自己の全体の生きざまをひっさげて語る時に、リビングという言葉になる。それがここでいう「大行」でしょう。私はこの発想に非常に教えられました。すなわち、ここで私が大行としての念仏をもうすということは、いままでの私のリビング、その生活スタイルが、その念仏行を軸とする新しい生活スタイルに、変革されていかなければならない、ということです。ここで阿弥陀仏の名を称えなさいという。無礙光如来の名を称せよといわれるが、その称するということは、この選び取りとしての、そしてまた私の全存在をかけたリビングとして帰命を意味すると、こう解釈すべきだと思います。

（『教行証講義』第二巻、行道、法蔵館、二〇〇〇年、二九〜三〇頁）

柄谷行人の『倫理21』の第三章「自由はけっして『自然』からは出てこない」は、カントの「自由であれ」という自分への「至上命令」を命題にしていますが、その自由はまた、信樂峻麿が講義するところのリビングであると思惟していいでしょう。自分に「自由であれ」と命令できる人にだけ主体があるのです。そしてそのような人だけが倫理的実践者になることができるのです。浄土真宗ではその「行」として阿弥陀仏の名を称えているのです。「正しい大人」になりますという「行」です。信樂峻麿は「行道」とも講義しています。

自然そのものは、自由も平等も保証しません。だから自分自身に「自由であれ」と命令するほかないのです。そこに自由であり平等であり自然のもつ権利が発生します。浄土真宗では、その命令を阿弥陀仏の誓願で具現します。しかし、歴史上、無支配の社会は、まずありません。ただひとつ柄谷行人の近著『哲学の起源』には、かつて地中海のエーゲ海に面した都市イオニアで育まれた自然哲学にイソノミア（無支配）があったと書かれています。そのイオニアには官僚も軍隊も存在しません。わたしが体験してきた、そして経験するほかない国家との違いです。そして、そのイソノミアが、唯一、デモクラシーを超えるシステムだったと柄谷行人は論じています。そしてより切実な現実がわたしを支配していることを自覚します。世間です。そして世間の現実は、つねに既成の概念として作用します。戦争も「いたしかたのない現実だ」としてそれ以上に問われないのです。理想は「現実がわかっていない」ということになるのです。そうした世間に自由と平等を希うとしてもさらに資本が認めないでしょう。市場原理というマナ板の上で自由と平等を追求するならば、平等の原理は邪魔になり切り捨てるほかないからです。また、自由は強者の側にあるのです。現在日本のデモクラシーも市場原理によって支配されているという他ありません。中国の太子党と呼ばれる中国共産党幹部子弟たちの存在も平等を理想とする共産主義国家で、逆に自由を謳歌しています。彼らの自由は、支配することで達成しています。政治支配のみならず市場原理の独占や言論弾圧にまで及んでいます。『広辞苑』には、デモクラシー（democracy）の語源をギリシア語の demos（人民）と kratia（権力）との結合で「人民が権力を所有し、権力を自ら行使する立場をいう。古代ギリシアの都市国家に行われたものを初めとし、近世に至って市民革命を起した欧米諸国家に勃興。基本的人権・自由権・平等権あるいは多数決原理・法治主義などがその主たる属性であり、また、その実現が要請される」と読めます。しかし、古代ギリシアは、奴隷制度でポリス（都市）を維持していました。ギリシャ以外からギリシャに来た人たちには市民権もありません。つまり支配者の権利だけが古代ギリシャでは権利だったのです。

2

もはや「正しい大人」も、デモクラシーを懐疑しつつ生きるほかないのです。デモクラシーとは、民主主義と理解されてきましたが、自由と平等を同時に実現しているデモクラシーは存在しません。二〇一二年一二月に行われた衆議院議員総選挙でもそのことは理解できます。投票率は、五九・三二パーセントと戦後最低でした。さらに「一票の格差」という平等に反した選挙制度で全投票者数の約三〇パーセントを得た自由民主党が、衆議院議員の過半数をはるかに超える議席を得て政権与党になりました。こうした日本の選挙の現実に、デモクラシーの属性である多数決原理が正しく機能しているとは思えません。

かつて人類は、モノとモノとの交換から、貨幣による市場を生み出し交易をはじめました。そのことは問題ではありません。問題は、その後にあるのです。それはモノのための貨幣の交換です。金融市場です。その金融市場は多国籍になっています。そこでは、食料や石油をはじめあらゆる産物や債券が先物取引という方法で金融化しています。日本の食糧自給率が三九パーセントに留まるのは農業生産力が低いからではありません。アジア太平洋一五年戦争に敗北して七〇年を迎えますが、日本はこの間にアメリカに次ぐ金融資本を駆逐する国になっていたのです。その極端な事実が農産物や海産物を生産し漁獲するのではなく輸入する国になっていたのです。買っていたのです。そのときに発揮するのが市場です。市場では、まったく農業にかかわらない人が資本によって農産物を売り買いして利益をあげるようになったのです。そして資本が高まれば高まるほど自然に向き合って働かなくてもいい社会層が現出するのです。矛盾しているように思うかもしれませんが、事実はそうです。日本の製造業もアジアをはじめより人件費をはじめコストのかからない国に移っています。だから日本では大学を卒業しても働く場が限られているのです。一部の人にしか「正規社員」の機会がありません。市場を支配できる社会では、資本はより支配しやすい方向に向かうからです。しかし、その市場も自然の摂理や、またどのような技術を駆逐してみても、歴史の最終段階に至っています。その一端が二〇〇八年のリーマンショックでした。

このような世界史の構造に立ち向かうことは容易でありません。しかし、このまま続くことも容易でありえません。すべての人々が世界史の構造を己の問題として読み直し、糺す、そのような時代になっているのです。他者の自由（文化）を見極め、他者および自然とともに生活することが求められているのです。それは自由と平等にかかわることです。そして、肝心なことは、自然な地産地消を尊び、「すこしまずしく、すこしひもじく、すこしさむく」生きることです。そして「よく見て、よく歩く」ことです。自分の足を信じることです。

二〇〇二年、福井の永平寺の老僧と京都宇治の道元ゆかりの寺から八日間かかって永平寺まで歩いたことがあります。二三〇キロほどの道のりでしたが、三、四日過ぎると歩くことに自信が出てきました。また歩くことによって見えていないものがたくさん見えてきました。車での移動では見えないことが見えてくるのです。また肌に感じるのです。先に書いた「すこしまずしく、すこしひもじく、すこしさむく」という体験です。帝国主義日本の時代を豪放に生きた出口王仁三郎の娘である出口直日が戦後、人々に語ったことばです。

歩くことも地産地消も資本が牛耳っている市場経済の消費者にならないという意志であり実践です。市場経済に魅せられないということです。また、そのためには、せめて己が生まれる前の時代から次の人たちが生きる時代に思いを重ねてみるのもいいでしょう。そういう「本来の面目」は大いに結構です。漱石は、学習院（大学）で「私の個人主義」という講演を行っていますが、その中で、次のように話しています。

苟《いやしく》も倫理的に、ある程度の修養を積んだ人でなければ、個性を発展する価値もなし、権力を使う価値もなし、又金力を使う価値もないという事になるのです。

まことに的を射た発言といえましょう。それはまた、駒尺喜美の『漱石　その自己本位と連帯と』の中心テーマであり、「正しい大人」への生き方であるのです。

この本には、「正しい大人」になれない高齢者も多くなった現代に、「正しい大人」になるためには、浄土真宗に還ることだというわたしの思いが書かれています。浄土真宗に還れた大人は、正しいこどもを育てられます。もとより己のこどもだけではありません。でもどうして浄土真宗に還るのかと思う人もいるでしょう。むかしは修行であったり、信心で「正しい大人」になりました。しかし、近代になると修行も信心も怪しくなってきました。修行や信心それ自体が怪しいのではありません。近代が怪しいのです。漱石は、「泰西の文明の圧迫を受けて、その重荷の下に唸る、劇烈な生存競争場裏に立つ人で、真によく人の為に泣き得るものに、代助は未だ曾て出合わなかった」(『それから』)と書いています。『それから』は、明治四二年に『三四郎』に続いて連載された新聞小説です。代助は三四郎のその後かもしれません。さらに、『それから』に続く『門』の宗助は十日間、参禅しますが「門の下に立ち竦んで、日の暮れるのを待つべき不幸な人であった」と書いています。泰西は西欧文明、その文明の圧迫と重荷は、市場原理に発展し、己の自立も連帯をも困難にしているのです。

わたしのこどものころ「あの人はホトケさんのような人だ」ということばがまだ聞かれました。「おひとよし」のいい換えだったかもしれません。おひとよしではありませんが、亡くなった人も「ほとけさん」といいました。しかし、いまは死んでも「ほとけさんになった」と余り聞きません。多くは「天国に逝く」です。著名人が亡くなったニュースで「天国から見守ってください」といった追悼のことばをよく聞きます。浄土に往く、往生するとは、まず聞きません。まして往生して衆生をたすけるのだという浄土真宗の思想もまず聞くことがありません。浄土真宗に還るとは、「正しい大人」になることだと書きましたが、同時に、それは衆生（人）を救いに還ることなのです。
世間には、「正しい大人」になる以前に、淋しく生きている人がいます。漱石の『こころ』の先生は、「私は今より一層淋しい未来の私を我慢する代わりに、淋しい今の私を我慢したいのです。自由と独立と己れとに充ちた現代に生まれた我々は、その犠牲としてみんなこの淋しみを味わわなくてはならないでしょう」と独白しますが、世間には、先生のように人間関係や社会に悩んで、未来を己にとり納めてしまう人もいます。だから、わたしは「一層淋しい未来の私を我慢する」ことなく、「自由と独立と己れとに充ちた現代」の犠牲にもならないと約束はできません。しかし、わたしは、後述しますが、丸山真男が『日本の思想』のなかで論じた「おとな」になるのではなく、「正しい大人」である浄土真宗の民であろうと欲します。浄土真宗に還ろうと欲します。「先生」にも「おとな」にもなりたくありません。ここでいう「おとな」とは、「郷党社会」に安住する人です。他に無制限に依存する、またそのことにも気づかない無責任に依存して生きている人が「おとな」です。

3

浄土真宗についても後述しますが、その思想は、「自由なる意志による己と他者の確立であり、いかなる時にも、またいかなる場であろうとも、自由であろうとする意志をつらぬくことであり、人のみならず自然とともに生きていくこと」と書いておきましょう。でも「そのために念仏ですか」と聞かれます。そうです。念仏なのです。称名念仏といいます。「合理的じゃない」という声も聞かれます。そうです。合理的ではありません。わたしは非合理だと思っています。でも考えてください。科学が合理的でしょうか。冷蔵庫は食品を冷やしてくれます。冷凍もしてくれます。でもそれは合理的ではありません。季節感や鮮度を非合理的に保っているに過ぎません。また、わたしは前立腺ガンになり七カ月間、毎月一度、女性ホルモン剤を注射され、さらに三九回であったと思いますが、毎週、月火水木金と五日間、約二カ月間、放射線治療を受けました。そしていま一一年目になりますが、自律神経をそこね、免疫力をそこね、耳鳴り、両指の三指のしびれと痛み、下半身の冷えという症状に苦しんでいます。パソコンに文字を入力するときにも革手袋をはめています。痛いからです。眠るためには精神安定剤と睡眠薬をもう七、八年になりますが使っています。広島原爆病院院長の重藤文夫と大江健三郎の対話『原爆後の人間』を読んでみますと、被爆者には白血病が多いのですが、その他にも痛みを伴う無数の症状があります。放射能を被曝した人にガンが多いこともよく知られています。リュウマチのような症状もでます。わたしの放射線治療も被曝と同じです。がん細胞だけを無くすことなどできません。他の細胞も痛めつけられ遺伝子も損なわれています。ホルモンの検査値ではいまだ男性である値に達していません。このような医療は自然なことでも合理的なことでもありません。合理精神とはつまるところ自己勝手な判断に過ぎないのです。原発も同じです。ではそのような非合理からどうしたらわたしは合理的に生きられるのでしょうか。答えはひとつです。わたしも里山も自然であるということです。自然の摂理に従って合理的な生活を実践することです。そういう生活に還ることです。わたしは、その還ることを浄土真宗の民となることだと信じています。わたしの身が浄土を体験することが自然であると信じているのです。それはイソノミアの原理と違わないでしょう。『こころ』の先生は、浄土真宗の民とならずに死んでしまいました。それに対して、浄土真宗に還る人は、自己を確立し、他者・自然とともに真摯に生きることです。連帯することです。自然の摂理を己の目的に措定《そてい》する生き方であるのです。

筋道を立てていいますと、まず浄土真宗とはなにかを書かねばなりませんが、本書では、「正しい大人」として生ききることが浄土真宗であると、とりあえず思ってください。また、駒尺喜美の『雑民の魂』もテキストにしています。五木寛之の小説へのすばらしい評論であり思想です。『雑民の魂』は、よくわからない権威をあがめたり、己を卑下することもしません。「正しい大人」として、現実を恐れず、現実に迎合せず、現実に立ち向かいます。そして「正しい大人」のマナーを自然に志す魂です。ここでもキーワードは自然なのです。自然（じねん）と自然（しぜん）の違いも思惟しなければなりません。「じねん」と読む自然は、おのずからであり天然、宇宙とともに思惟しつつある自然です。浄土真宗には「自然法爾」ということばがあります。それに対して、「しぜん」は、自分の意にそうたり、そわない場合も自分に都合をあわせること、どうぞご勝手にという意味ともなります。

　なんどもいいますが、わたしの世代は、幼くしてヒロシマ・ナガサキの原爆を体験しながら、次は、原子力の平和利用などというご託を並べられ、さらに他国の紛争に乗じて兵器の生産から次々に産業を興し、市場を開拓し、資本力を高めてきました。季節に関係なく野菜をつくるために原子力エネルギーや化石エネルギーを使用できる農業を誇るようになりました。その恩恵をもっとも受けてきたのがわたしの世代です。しかし、二〇一一年三月一一日、日本は、一瞬にしてその恩恵がいかに自然の摂理に反したことかを知りました。福島第一原発は放射能に満ちたガラクタとなり、大量の放射能を自然に向かって吐き出し続けるようになりました。事故から数カ月、少なくとも三カ月間、政府、官僚、東電、御用学者らの「原子力むら」の「おとな」は、原子炉がメルトダウンした事実を隠し続けていたのです。

　3・11以後、日本は、自然に放射能を放出し続ける国になってしまいました。いまも、これからも何十年何百年とです。「黒い雨」が降りました。「被爆日記」から「被曝日記」を書いている少女がいることでしょう。その最中の二〇一二年六月、首相は、停止中の福井県大飯原発の再稼働を認めるのです。その翌日でした。わたしの郵便ポストに関西電力の株主総会の資料が届いていました。そして、その資料のなかに前日の野田佳彦首相の再稼働の意向がすでに印刷されていたのです。脱原発を訴える「金曜デモ」を「やかましい音」と聞いた野田佳彦首相（当時）の発言は、「おとな」たちの郷党社会の無責任な発言であるという他ありません。さらに時間軸を追うと、その後の安倍晋三首相は、原発の再稼働のみならず新たな原発の建設、原発の輸出を推進する政府（国家）となりました。

石炭から石油そして原子力とあたかも発展してきたかのように喧伝されてきた日本のエネルギーは、資本の源であることがより判然としました。しかし、一度崩壊した原発を再生することはもはやできません。それればかりか廃炉にも膨大な資本とエネルギーを必要とします。そのために作業する人の健康を資本は容赦なく奪うのです。

これからは、「すこしまずしく、すこしひもじく、すこしさむく」と、より少ないエネルギーで動く社会をめざす他ありません。餓鬼畜生ということばがありますが、わが家では、畜生であるメイ（猫）が人間よりはるかに自然にそって生きています。わたしの住む団地のベランダの前は里山です。樹木とともに四季折々にいろいろな鳥をはじめ狐、鹿、猿、雉、それにイタチたちと多くの動物やさまざまな昆虫を見ました。自然の動物や昆虫たちこそ己を偽って生きていないのです。その彼らのすみかである森を暴力的に伐採しているのは人間です。資本です。それとこのことも後述しますが、原発は原爆の原料となるウラニウムの精錬でもあるのです。非核三原則である「核兵器を持たず、作らず、持ち込ませず」を掲げてきた日本にとって核兵器の保持、製造、そして持ち込みは許されません。つまり原発は、いつでも核兵器を作れる、つまり保持するための偽装でもあるのです。原発を廃炉にしても日本の電力エネルギーは壊滅しません。そうであるのにわたしたちは高いお金を出して非核三原則を無視しているのです。原発を保持していく理由に、こうした邪悪で不正義な現実を看過してはなりません。丸山真男は『日本の思想』で次のように「おとな」を論じています。

　日本の近代国家の発展のダイナミズムは、一方中央を起動とする近代化（合理的官僚化が本来の官僚制だけでなく、経営体その他の機能集団の組織原理になって行く傾向）が地方と下層に波及・下降して行くプロセスと、他方、右のような「むら」あるいは「郷党社会」をモデルとする人間関係と制裁様式――飴と鞭（ビスマルク）ではなく、「涙の折檻、愛の鞭」（『労政時報』一九四二・八・二一）――が底辺から立ちのぼってあらゆる国家機構や社会組織の内部に転位して行くプロセスと、この両方向の無限の往復から成っている。したがって一般的にいえば、組織や集団をどの種類で、また上中下どの社会的平面でとりあげてみても、そこには近代社会の必須の要請である機能的合理化――それに基く権限階層制《アムツヒエラルヒー》の成立――という契機と、家父長的あるいは「閥」・「情実」的人間関係の契機との複合がみいだされることになる。それは認識論的には、非人格化＝合理的思考の建て前と、直接的感覚や仕来りへの密着との併合として現われ、また機能様式としては、リーダーシップが一元化しないで、しかも他事にやたらに世話をやくという傾向（福沢が明治政府を評した言を用いれば「多情の老婆」的傾向）として現われるが、しかも大事なことは、天皇制社会の円滑な再生産は右の両契機が――むろん時代の変化や組織の性格で比重を異にするが――微妙に相依存して、一方だけに傾かないことによって可能になったという点である。
近代化によってともすると崩れようとするこのバランスを上からの國體教育の注入と下からの共同体的心情の吸い上げによって不断に調整するのがそこでの「統治技術」にほかならなかった。それがかなり危くなりながらも最後までともかく成功したからこそ、この仕組を徹底的にメカニズムの面から暴露していった共産党も、またそれを純粋に心情の体系としてとらえようとした右翼ナショナリストも、（他の社会的政治的条件を一応別として）ともに日本帝国の常識的な――つまり、「おとな」の見解から背馳した「極端」な認識として斥けられる運命を免れなかったのである。

（『日本の思想』岩波新書、一九六一年、四七～四八頁）

長い引用となりましたが、「郷党社会」をモデルとする人間関係と制裁様式こそわたしの経験する日本であり日本人です。「郷党社会」の具体が「むら」です。
これを「戦前」にかぎった日本及び日本人の体系と見なすことができないことは、すでに明らかです。「おとな」にとっては、「むら」こそ世間であり社会であるからです。それが、福島第一原発のメルトダウンで露わになった政府、官僚、学者、そして東電にむらがった「権限階層制」に安住する「おとな」です。「原子力むら」と呼ばれる所以です。そこには、なんども書くことになりますが、「正しい大人」はいません。

4

資本の現実に立ってみますと、豊かになったと思っている日本及び日本人は、なんのことはない、誰も彼もが資本に操られているのです。世界を市場とする資本にコントロールされているのです。その上に放射能に汚染され続けているのです。3・11までの日本人は、高度な技術でより多くお金になる商品を生み出し、より多く消費できることが豊かな生活だと思ってきたのではないでしょうか。市場原理に貢献している、市場を占有していることが、社会的な地位のように思ってきたのではないでしょうか。そして、資本によって、自然である大地も専有してきました。水を電力でくみ上げ電力で排水する農業も奨励されました。自然の恵みに育まれてきた入り江に資本が投入され魚介類や海草を養殖し、その加工工場、運輸業が繁盛してきました。そのためのインフラも膨らみました。教育も同じです。市場化した学校や塾がこどもたちを奪い合っています。それは、「正しい大人」の社会の繁盛でも、「正しい大人」の生き方の反映でもありません。

東日本大震災から問われる日々を過ごしてきましたが、そのなかで切実に考えさせられたのは、大学で学んだ親鸞（一一七三〜一二六二）ならいかようにこのような悲惨な事態に対応したであろうかということでした。それは、念仏弾圧事件の被告となり越後に流罪の罪を被り、その後、罪が解かれた後も京都にもどることなく、3・11の被災地近くを、放射能に被曝している地域を、念仏者として生きていたという思いと、親鸞自身がなんども大震災や飢餓に遭遇していたからです。

わたしの年表メモには、一二三〇年～一二三一年「天下の人種三分の一失す」（『吾妻鏡』）という寛喜の飢饉（親鸞五九歳）があり、正嘉（一二五七年・親鸞八五歳）には関東南部をマグニチュード七～七・五の大地震が襲っています。また、親鸞と同時代を生きていた鴨長明（一一五五～一二一六）の『方丈記』は、まさに災害、そして人災の記録です。では親鸞は、そのような時にどのような対処をしていたのでしょうか。親鸞（善信）の消息（手紙）を読んでみました。そのなかの最晩年に近い一通です。

なによりも、こぞ・ことし、老少男女おほくのひと〴〵の、死《しに》あひて候らんことこそ、あはれに候へ。たゞし生死無常のことはり、くはしく如来のときをかせおはしまして候うへは、おどろきおぼしめすべからず候。まづ善信が身には、臨終の善悪をばまふさず、信心決定のひとは、うたがひなければ正定聚に住することにて候なり。さればこそ愚痴無智の人も、をはりもめでたく候へ。如来の御はからひにて往生するよし、ひと〴〵にまふされ候ける、すこしもたがはず候なり。としごろ、をの〳〵に申しさふらひしこと、たがはずこそ候へ、かまへて学生沙汰せさせたまひさふらはで、往生をとげさせたまひさふらふべし。（以下略）

（『真宗聖教全書』二「宗祖部」『末燈鈔』六、大八木興文堂、一九六七〈昭和四二〉年、六六四～六六五頁）

この関東の同朋に宛てた一通は親鸞八八歳の消息です。善信は、吉水の念仏集団が弾圧を被る二年前に親鸞が自ら名のっていた名前です。そしてこの手紙が書かれた「こぞ・ことし」とは、正元元年（一二五九年三月二六日）と文応元年（一二六〇年四月一三日に改元）ですが、この消息のおよそ三〇年前に親鸞は同朋とともに寛喜の飢饉に遭遇しています。親鸞は、同朋を襲った大災害や飢饉について判断できる知識と体験をしていたはずです。だからこそ「おどろきおぼしめすべからず候」と書けたのでしょう。なによりも自然による大きな災害にも信心をもって応じているのです。自然の摂理に生きている、生かされている自分にめざめているのです。また、めざめていなければ、親鸞の手紙の本意もわからないでしょう。このように思惟することは、わたしだけでなく、親鸞の思想を探求してきた人には、自然に読める思想でしょう。それはまた、後述するスピノザの自然権の思想とも通じます。

親鸞は、南無阿弥陀仏が呪術とならないめざめであることを同朋に伝え、そして大地に生き、大地に死ぬ同朋であれと念じているのです。でも思うのです。「あはれに候へ」ということばにもう一言なかったのだろうかと。京都に帰ってきた親鸞の元には関東の同朋からの訪問が続いていました。先の『末燈鈔』の前の「五」（同六六四頁）は愚禿親鸞の署名で八六歳です。その消息のはじめには「自然法爾」と書かれています。そして、その末文に「弥陀仏は自然のやうをしらせんれうなり。この道理をこゝろえつるのちには、この自然のことはつねにさたすべきにはあらざるなり」と読めます。「れう」は漢字に表わすと「料」です。それはまた大地に生きる人のことばです。親鸞は、同朋にいつも「自然のことはつねにさたすべきにはあらざるなり」と説いていたのです。そこに合掌し南無阿弥陀仏の声を聞名する親鸞の姿をわたしは思わずにおれません。しかし、原発は「自然のやうをしらせんれう」では決してありません。親鸞も「さたすべき」と捉えたことでしょう。そうでないと大地に立てないからです。フクシマだけの問題ではありません。すべての原発の廃止を果たさなければ人類の未来は確実に損なわれ大地を失うのです。地産地消も画餅に終わってしまいます。

昔から天災ということばは聞いてきました。たしかに地震や津波に遭うことは天災かもしれません。しかし、人間の文明から見れば、それを天災といい切れるかどうかは疑問に思えるのです。さらにその時代の為政者によっても被災者の現実は違ってきます。事実、親鸞と同時代を生きた鴨長明の『方丈記』には、次のような文書が読めます。

古の賢き御代には、あわれみを以て国を治め給ふ。すなわち殿に茅ふきても、軒をだにと、のへず、煙の乏しきを見給ふ時は、かぎりあるみつき物をさへゆるされき。是民をめぐみ、世をたすけ給ふによりてなり。今の世のありさま、昔になぞらへて知りぬべし。

（市古貞次校注、新訂『方丈記』岩波文庫、二〇一〇年、一七頁）

親鸞が関東から京都に帰ってくる五〇年ほど前、鴨長明は、このように書いているのです。天災か人災かは、今も昔も、まさに為政によっていずれともなったのです。たまさか慈悲心ある為政であれば天災にも救われた人が多くいたのです。逆にごうつくばりな為政であれば、人災と変じ、ひどい惨状を呈したのです。福島第一原発のメルトダウンは、数カ月隠されました。放射能の問題も同じでした。放射能に曝されたのは人間だけではありません。動物もそして大地も海も放射能に曝され続けているのです。

　歴史をたどると、三陸は津波の被害をなんども受けています。もし彼らに歴史の経験がいかされていれば、このたびの津波でももっとダメージの少ない被災になっていたのではないでしょうか。資本が築いてきた文化は、いつか彼らの歴史の体験を忘れさせていたのではないでしょうか。大きな津波が襲っても自然な文化に生きていた時代には大きな災害にもならなかったのではないでしょうか。それが戦後、急激に大きな町になりました。原発建設の見返りとして巨額なお金が与えられました。また資本が投資され魚介類の養殖が産業になり、農地がつぎつぎに造成されました。でもその豊かさは本物だったのでしょうか。

　親鸞はなんども天災や飢饉に遭遇していたのです。もとより、多くの天災が、この度の東日本大震災のごとくに人災であることは、前述したように『方丈記』が書くところでもあるのです。その鴨長明が生きた時代は、武士が政治に台頭してくる時代でした。生まれた翌年の一一五六年七月には、「保元の乱」が起き、一一五九年の十二月には、「平治の乱」が起きて、まさに乱世というにふさわしい時代です。鴨川は死屍《しし》累々というありさまです。鴨長明は一二一六年に往生しています。親鸞とはほぼ同世代を生きた人です。その『方丈記』の文末には「于時《ときに》建暦の二年《ふたとせ》、弥生《やよい》の晦日《つごもり》ごろ、桑門《そうもん》の蓮胤《れんいん》、外山《とやま》の庵《いほり》にして、これをしるす」と書かれています。わたしには、「その時の元号は、建暦（一二一一〜一二一三）であり、三月の末の今日、僧侶となり蓮胤と名のっています。方丈記は外山の庵で書き終わりました」と読めます。外山は現在の京都市山科区にある日野の法界寺の近くだといいます。いまの人は大八車を知らないでしょうが、車がまだまだ貴重品だった時代、いまの軽四トラックみたいな役割をしていました。鴨長明の庵はその大八車二台分ほどで移動できたといいます。すごく簡便な移動住居です。また鴨長明には『発心集』という大部な仏教説話集もあります。そのころ、親鸞は、京に帰っていたでしょう。鴨長明と都の辻ですれ違っていたかもしれないという人もいますが、鴨長明は醍醐の山に連なる里に隠棲していて都の辻を通ることはほとんどなかったことでしょう。

ある日、テレビ嫌いのわたしが昼間、『にあんちゃん』という九州の炭鉱のこどもをヒロインにした映画を見ました。久しぶりの映画でモノクロだから見やすかったのですが、石炭から石油と変わる時代であり、次々と廃坑になっていく時代でした。物語は暗いイメージに充ちていました。しかし、そこには人間が生きていました。石炭から石油へとエネルギーが変わっていく時代のなかで、炭鉱労働者はばらばらになっていきます。彼らのほとんどは炭住とよばれる長屋に住んでいました。廃坑が彼らをさらに貧しくしていました。彼ら自身の選択で貧しくなっているのではありません。しかし､信じられないほどの貧困の中でもにあんちゃんたちは、やさしさをもったこどもたちでした。資本の謀略もこどもたちのこころを殺すことはできなかったのです。でもいまは違います。こどもたちがホームレスの大人を襲い殺す事件もあります。資本から見捨てられたホームレスを遊びで殺すのです。こどもたちにも殺伐とした世相が反映しているのです。大人からこどもへ伝える宗教（精神文化）も稀薄です。仏壇のある家はまずありません。わたしの住んでいる団地は二五〇〇戸ありますが、仏壇があるところはほとんどないでしょう。それにこれまで精神文化を育んできた「死」までが産業になっている時代です。「坊さんが葬儀会館のパートをしている」という時代から人間としての精神文化は育ちようもないと思うばかりです。

作家の辺見庸は3・11直後だったと思いますが、「ことばがでない」という体験を書いていました。国策上もう存在しないと同じ感じになった被災者は、ことばを生み出せないという意味であったと思います。辺見庸は、そのことを机上で懐疑していました。しかし、漱石ならば、いかなる状況にあっても、ことばそのものを、生み出していたと思います。小説にです。

5

宗教にも期待したいことがあります。それは、「ことばがでない」人たちの「ことばをつなぐ」のが宗教の使命ではないかということです。これまでの使い古されたことばではなく、生きるに耐えることばをもってつないでほしいと思ったものです。

わたしも友人や知人、それに見知らぬ海外の人たちとともに、こんどこそはほんとうに反原発・脱原発を実現しようと励ましあい情報を共有しました。それはインターネットでこそ可能でした。また、わたしはこの間、ヒロシマ・ナガサキの体験から何故日本人が原発を建設することになったかの経緯を知りたくなりました。

その経緯を指摘すると、それは昭和一〇年代に青春を迎えた男どもが、ヒロシマ・ナガサキをはじめとするあの惨劇に見舞われながら戦後、政治家や報道機関の経営者となり、アメリカの資本に魅せられ、自然な人間を見失っていた人たち、見識のない人たちが始めたことを知りました。倫理が自らの人格に具わっていない、「正しい大人」でない、品性のない人たちです。平和の意味もわからないのでしょう。権力に魂を奪われた人たちです。そのような人たちによって原発の建設がはじまったのです。『使者』五号（一九八〇年春号）に荻野晃也（当時・京大教授）は、「反原発はここまでやれる」を書いています。長くなりますがそのなかの「原子力推進派の学者たち」の節を読んでみましょう。スリーマイル島で発生した原発事故（一九七九年三月二八日）の直後に書かれています。

原子力推進派の学者たち

広島・長崎の経験のあまりのすさまじさに、原子力研究を言い出すことは、長い間のタブーであった。一九五一年（昭和二十六年）、第十一回日本学術会議総会での、伏見康治阪大教授（現、学術会議会長）の「講和条約の中に原子力研究禁止条項を入れるな」という提案が、いわば原子力研究への最初の公式発言であった。それを受け、一九五二年には、茅誠司東大教授が「原子力委員会」の必要性を主張、伏見教授が素案作りにかかわるのである。

一九五四年（昭和二十九年）三月二日、第十九回国会において、改進党の中曽根康弘議員など若手議員を中心に、突如として「原子力予算」が提出された。「学者がボヤボヤしているから、札束で学者のホッペタをひっぱたいて、目を覚まさせるのだ」と報道された有名な中曽根発言もあり、学術会議は大混乱におちいったのである。中曽根は「海軍に動員されて、高松にいる時に広島の原爆雲を見、原子力をやらなければと直感した」という。若き軍人の心にやきつい た原爆雲のすさまじさは、原子力の平和利用のイメージではなかったであろうことは容易に想像がつく。原子力予算の出現で最も喜んだのは、茅・伏見両教授であったろう。

一九五一、二年（昭和二十六、七年）頃から、ときどき茅教授宅へ、中曽根議員が訪れていたそうであるから、茅教授はある程度は知っていたと考えるのが妥当ではなかろうか。（もちろん本人は否定するであろうが）七月には、原子力予算打合せ会が開かれ、調査団の海外派遣を決定、十二月二十五日、第一次海外調査団が出発した。その中に伏見教授が入っていたことはいうまでもない。

一方、茅教授の命令で、向坊隆東大講師（現、東大学長）は、外務省の科学調査官として、八月にワシントンへ赴任。米国原子力委員会との折衝にあたり、第一次調査団の訪米にそなえたのである。五五年（昭和三十年）九月、第一回原子力平和利用国際会議（ジュネーブ会議）が開催され、中曽根康弘、松前重義（右社）たちの国会議員団が参加。帰路、米国をも視察して回り、羽田空港で帰国声明を発表した。「超党派的に長期間年次計画を確立し、これを推進して、本問題は政争の圏外に置くこと」「綜合的基本法たる原子力法を至急制定し、平和利用及び日本学術会議のいわゆる三原則の基本線を厳守すること」などがその骨子であった。学術会議の三原則とは、武谷三男立教大教授が、五二年（昭和二十七年）『改造』十一月号に発表した論文をもとに、五四年三月、伏見提案「原子力憲章草案」として発表されたものであった。「三原則」を議員団声明に入れることに協力したのは、米国で議員団の相談役をしていた向坊氏であったという。

三原則の内で、最も議論が集中していたのは、「公開」の原則であった。茅氏は「公開という言葉にとらわれるな」と、いわばその時その時に適当に運用したらよいではないかとの趣旨を述べていたことを考えると、原子力基本法を制定した上で、三原則を実質上骨抜きにしようという茅・向坊氏たちの動きをそこに見て取ることができよう。実際に、すべてに公開であるべき公開の原則は、「成果の公開」へと限定され、実質上「非公開」の原則として運用される道をたどったのである。

一九五六年（昭和三十一年）一月一日、原子力委員会が発足した。委員の選出には、中曽根・茅の両氏が根回しを行なったことはよく知られている事実である。社会党推選の委員として、その年、東大を停年となる有沢広巳教授（現、原子力産業会議会長）が選ばれた。超党派の装いをこらしてはいたが、その内実はきわめて政治的なものであり、結局、湯川秀樹委員の辞任となるのであった。

一九五八年（昭和三十三年）一月、茅東大学長を発起人総代として「原子力学会発起人会」が行なわれ、二月に学会が発足した。茅学長と矢木栄東大教授が設立者となり、初代会長として茅学長が就任した。伏見氏は、設立発起人会の世話人として活躍した。

帰国した向坊氏は、東大原子力工学科の設立にかかわり、一九五九年（昭和三十四年）原子力工学科の新設とともに原子炉材料工学講座の教授となるのであった。

一方、正力松太郎原子力委員長（科学技術庁長官）は、発電炉の導入を急ぎ、五七年九月、原子力発電株式会社を設置させ、英国のコールダーホール型原発の導入を決定。直ちに原子力委員会内の専門委員会で、安全審査等が行なわれることになる。矢木氏を部会長とする原子炉安全審査専門部会――委員の中で中心的役割を果たしたのが、内田秀雄東大教授（現・原子力安全委員会委員）であった――は、形式的な安全審査を行なうだけであった。原子力発電会社から申請書の提出があったのが一九五九年（昭和三十四年）十月十七日。各委員に配布されたのが十月二十七日。そして、十一月七日には、承認の結論が出されたのである。委員の一人であった、坂田昌一名大教授は、十一月七日委員長宛てに「事故時の一般人に対する緊急線量を決めること」「学術会議の専門家と懇談会を開くこと」などを申し入れるが、無視され、納得できないとしてその後辞任する。永野重雄日本商工会議所会頭と閨閥関係にあるような矢木氏には産業界の立場からの審査しか念頭になかったのであろう。原子力委員会の中で最も重要なこの部会は、その後「原子炉安全専門審査会」と名称変更され、矢木氏から内田氏に会長は引きつがれたのである。一方、伏見氏は、「原子炉安全基準専門部会」の会長として、向坊委員と共に、「原子炉立地審査指針」などを作成する。この部会の特徴は、東電、関電、日立、三菱などの原発担当者が数多く委員として参加していることであった。事故時に、周辺住民に多大な　放射能をあびせてもやむなしとするいわゆる「めやす線量」などを含んだ指針をこの部会は作り上げたのである。この部会は、その後「動力炉安全基準専門部会」と名称変更され、向坊氏と伏見氏とが交互に会長となっている。（以下略）

中曽根康弘と正力松太郎は、原発建設のもっとも積極的な政治家だったのです。彼らが青春に体得してきたことは戦争の技術であり、敗戦後は、資本に魅せられ政治家になったのです。学者も電力会社も彼らの手段です。彼らにとっての第一義的な願望は原子爆弾（原爆）の担い手でありたかったのです。そのための技術として原発を急いだのです。これは危険なおもちゃをこどもに与えると同じくらい危険だったのです。

敗戦後、丸山真男は『日本政治思想史研究』、『現代政治の思想と行動』（上下）さらに『日本の思想』など多くの著作にそうした人たちの戦前戦後を断罪しましたが、ともかくわたしたちは、なんとも救いようのない人たち、「正しい大人」ともっとも縁のない救いようのない人たちに原子力という許し難い手段をもって資本を占有することを許してきたのです。

戦後の五五年体制とよばれる自由民主党と財界と学界、それにゴマするマスコミ関係者、そして官僚がそのための作文者となり、危険きわまりない未完成な技術をもって原発は作られてきたのです。冷戦体制があり朝鮮戦争、ベトナム戦争の特需がより一層、敗戦国の手段に資本が与しました。そして一般の人々は、それをどのように実感できたのかをはずかしくて言及しえませんが、世界第二の経済大国になったというわけです。原発は、そのためのエネルギーをもたらしたというわけです。

6

福島第一原発のメルトダウンによって被曝した被災地は、市場からも見放されています。三陸の農業者や漁業者、さらに魚介類養殖を生業としてきた人たちです。原発で汚染された田畑、そして津波でのまれた海域や田畑は、休業を強いられています。資本も入りません。これまでの資本も引きあげます。資本に寄与しないからです。次々と見捨てられていくのです。福島第一原発の廃炉作業には、新たな科学技術や多くの作業員を必要としますが、それはこれまでの資本ではありません。わたしたちの税金です。また、そこでの作業がいかに危険なことであるかも承知のとおりです。電力株はどこも極端に下がりました。関西電力は、今期（二〇一二）から中間配当も決算配当も停止しました。それが、わたしが生活している市場の原理であり資本の姿なのです。同時に、被曝によって耕作できない田畑は、これからも何十年と耕作の見込みが立ちません。また、津波による塩害からの回復も容易でないと聞きました。海水を排水し真水に入れ替えていけば塩分は薄まるでしょう。また自然の雨も塩分を地中に浸透させ、いずれ稲作も可能だと聞きました。しかし、被曝地ではそうはいきません。それにもともと海底であったところに堤防を築き干拓してつくられた田畑は一層、困難に違いありません。津波は、堤防をいともやすく壊し田畑を飲み込んでいます。それは「おれの地所を返してくれ!!」といわんばかりにです。東日本大震災の津波による被害には、このような田畑が多いのです。海面よりも低い田畑も多くあります。そこではこれまでも強力なポンプで水を排出してきたのです。今後も、電力や石油でポンプを動かして排水を続けなければならないのです。

自然のはたらき、万有引力に反した下から上に水を揚げる技術と資本に依存する農業やまたハウス栽培農業が普通の時代になりました。それは市場の要請でもあります。自然の原理に反した農業や漁業も市場のもとでこそ可能なのです。つまり、市場に叶うための商品を生産するために、自然に反する技術を駆使してきたのです。市場の原理に対応できる作物を生産してきたのです。テレビのニュースで知りましたが、ある村の田圃の水はすべて地下の土管によって入水と排水する仕組みになっていました。それらの田圃の側には小川もありません。メダカも棲みません。東日本大震災は、こうした人工の田圃をいとも簡単に破壊しました。そして、そのような田圃を再興するためには、さらなる資本を必要とすることでしょう。自然を破壊してまでのこうした農業に疑問はないのでしょうか。わたしには不思議でなりません。

市場で売り買いされる農作物は、四季の移りかわりにも関係なく、科学技術によって、つまり資本によって作られているのです。かつて敗戦国の占領政策は、いまや市場が取って代わっているといえるのではないでしょうか。政治家も官僚もそのために働いているようにしか思えません。ちなみに「先進諸国」の中で日本の公共事業費はアメリカの軍事費よりはるかに多く全産業人口の一〇パーセント、六九〇万人も就労しているのです。そしてその多くが政官財と癒着した「やらせ仕事」でもあるのです。福島第一原発の廃炉もその結果の延長といっていいでしょう。

しかし、市民意識は変わろうとしているようにも見えます。福島第一原発の廃炉の非常（異常）な現実にエネルギーのあり方を見直す人びとを生み出しているからです。ライフスタイルを見直そうという市民が生まれていることです。これまでの既存のエネルギーを使わない社会をめざす市民が各地に生まれています。それはかつての敗戦国から経済大国に邁進した国民には想像もできない変化のように思えます。それは同時に資本主義の変革が迫っているようにも思えます。もとより、そのためには、あらたな理念が必要です。哲学であり倫理であり、信念です。それは親鸞が思惟しつつ生きていた生き方です。このこともあとに述べますが、親鸞は、日本の歴史上、思惟しつつ生きた先駆者なのです。

八〇年前後に季刊誌『使者』が刊行されています。編集同人は野間宏、井上光晴、篠田浩一郎、眞継伸彦、そして小田実です。先の五号の特集は「1980・たたかいの方法」でした。その中の「野間宏インタビュー」には、「マルクスを超えて――フォイエルバッハの原点に還って　その理論を再構築する――」を掲載しています。ゲストは山之内靖です。その「たたかいの方法」は、四半世紀後の東北大震災、そして原発反対へのたたかいの方法をすでに論じています。野間宏は、「能動態としての自然」を語り「自然の疎外と文明の危機」を論じています。その批判は、3・11の悲惨を予告しているのです。誤解を恐れずにいえば、三陸では3・11以前、明治以後、二度の大震災と津波を体験しているのです。『広辞苑』の「三陸大津波」には「津波の常襲地の三陸地方沿岸で、過去百年間に起ったもののうち最大規模の一八九六年（明治二九）六月一五日（明治三陸地震津波）および一九三三年（昭和八）三月三日の津波を指す」と解説しています。そして敗戦後、三陸の町全体に大きな変化が起きたのです。原発が建設されたのです。膨大な資本が町を賑わしたのです。海が埋められ道が造られ町が「発展」します。海岸には、津波に備えた防災施設や堤防がつくられました。しかし、3・11は、それらの備えが自然に反することであったことを明らかにしたと思うばかりです。能動態としての自然は、こざかしい人間の工作では防ぐことができなかったのです。

また先の荻野論文は、八〇年代までの日本の原子力推進の過程を詳細に記録しています。3・11以後、朝日新聞は長期にわたって反原発を特集しています。しかし、政官産学の原発推進を一緒になって煽ってきた責任はかつての朝日新聞にもありました。ＮＨＫも読売新聞も同じです。だからこそ、時代社会の権力や権威そして資本に背を向けるひねくれ者、背を向ける者に、わたしはある品性、人格を見るのです。それがわたしの親鸞であり浄土真宗なのです。そして漱石、野間宏、高橋和巳、柄谷行人らは、そうした思想に生きている作家であり思想家です。親鸞の主著である『顕浄土真実教行証文類』（『教行信証』）を読み解くことは容易ではありませんが、わたしは、「正しい大人」への思想として読んできました。金子大栄が校訂した岩波文庫の表題は『教行信證』ですが、わたしが学んだ信樂峻麿からは『教行証』というべきであると教わりました。

また、スピノザのデカルト批判から気づかされたことも大切なことでした。それは、スピノザがデカルトの『方法序説』の「我思う、ゆえに我あり」（わたしは考える、ゆえにわたしは存在する・cogito ergo sum）を「わたしは思惟しつつ、ゆえにわたしは存在する」（Ego sum cogitans『デカルト方法序説批判』）と読み替えていることです。デカルトの最初の我と後の我には、「現実」のずれがあります。「わたしは本来このようにしたいのだが……」「このようにありたいのだが……」と考えていても実際にはそうならない我を体験することがしばしばあります。つまり我を即断できない現実にわたしはつねに向きあっているのです。だから、わたしは、つねに思惟しつつ自分自身の生き方や行動原理、価値観を問い、そして変革し、わたしの当為とすることが大切なのです。デカルトの我では現実（理想）に即応できない、存在できない、そのようなわたしを許してしまうことになるからです。親鸞は、思惟しつつ生きた人でした。スピノザのデカルト批判を『教行信証』の「仮身土巻」のことばに重ねてみます。

すみやかに難思往生の心をはなれて、難思議往生をとげんとおもう。

（『真宗聖教全書』二「宗祖部」一六六頁、原文漢文）

「難思往生」は「往生は思いがたし」と読めます。また「難思議往生」は「往生の道理も思いがたし」と読めます。親鸞は、「難思往生」さらに「難思議往生」の思いからも離れます。しかし、思惟することから離れているのではありません。何故なら往生を「とげんとおもう」生き方を思惟し続けるからです。このことも後述しますが、それはスピノザが思惟しつつ自己を見出し続けたことと似ているように思うからです。『教行信証』は仏教の素養、そしてなによりも習学をいとわない、そうした姿勢がなければ読み切れません。思惟し続ける親鸞の姿が、わたしには見えるのです。それはまた親鸞の倫理であったのです。

浄土教の時代

1

日本にも、無支配の思想と文化と時代がありました。法然の説く浄土教のもとに吉水に集まった念仏者たちの集団です。

わたしのいう「浄土教の時代」は、市聖とも念仏聖と呼ばれた空也（九〇三～九七二）にはじまり、親鸞で終わりますが、歴史の本をひもときますと、日本における浄土教の教えの体系的なテキストは、源信（九四二～一〇一七）の『往生要集』であり、天皇や摂関家などの支配層の要望によって書かれました。また、その時代の下級貴族であった『日本往生極楽記』の著者である慶滋保胤（九三三～一〇〇二）たちは、源信によびかけて「二十五三昧会」という法華経講義と念仏の会を設けて実践しています。そして、源信からおよそ一世紀後、吉水の法然のもとに集まってきたのが天皇家や摂関家と利害関係のない念仏集団です。利害関係がないということは支配されないということであり、支配者にとってはまことに不届きな輩であったのです。

浄土教という漢語は、中国で生まれ、日本では平安時代に主流になった仏教用語です。平安時代は、「桓武天皇の平安遷都（七九四年）から鎌倉幕府（一一八五年）の成立まで約四百年の間、政権の中心が平安京すなわち京都にあった時代」（『広辞苑』）であり、浄土教は、皇族や貴族や武家だけではなく、空也の活動から辻に餓死したり、疫病で行き倒れて死んでいく人たち、名も伝わらない人たちにも救いの教えとして知られるようになります。

つまり、わたしのいう浄土教の時代とは、空也の生まれた九〇三年から親鸞が死んだ一二六二年までの時代です。浄土教が伝わったのはもっと早い時代ですが、浄土経典に説かれた極楽浄土に往生したいという念願がつよまるのは平安時代です。先述した平安京の文人官僚であった慶滋保胤や彼と同じく文人官僚であった源為憲（生年不詳）などの文書からは、空也によって宮廷や貴族だけでなく名もなき人々にひろめられたことが読めます。

空也と貴族社会の関係を鋭利に解析した速見侑は、『平安貴族社会と仏教』（吉川弘文館、一九七五年）の第二章「貴族社会と浄土教」に「いわゆる摂関体制形成期にあたるこの時期は、貴族社会の変動にともない、社会的不安・緊張が高まり、従来の国家的信仰に代わり個人的信仰が発達し、それが具体的には、浄土教と秘密修法という二つの方向に向かった」（同一四六頁）と論じています。そして、空也には、浄土教と秘密修法（加持祈祷）という二相を見るのです。空也自筆の資料はいまだ見つかりません。文人官僚に『空也誄』を書き残させた空也ですが、何故か自筆が見つからないことに驚く他ありません。それにこの驚きにはもう一つ根拠というか、その意味があるのです。それは空也が半生をかけてなしとげた沙弥空也の大仕事に関係します。空也のほぼ同時代に源信がいます。比叡山を中心に天皇や貴族や僧侶などの支配層の間に知的であり観念的な浄土教をひろめています。それに対して空也は、市井に遍歴遊行して情動的・狂躁的な浄土教をひろめた点に特色があります。その空也の大事業である「大般若経供養会」を鴨川の河原で営むのですが、空也は発願文を自分で書いていないのです。いったい空也という人はどのような人であったのでしょうか。慶滋保胤や源信も相見していた人はいったいどういう人であったのかと不思議でなりません。

空也は、三六歳で都に入っています。帰ってきたのかもしれません。どちらにしても三六歳まで空也はどこでなにをしていたのでしょうか。わずかに『空也誄』にその足跡も読めますが、興味深いことは、三六歳という歳です。すでに人としての分別もついていたことでしょう。それに加えて空也はさまざまなところで過ごしています。だとしたら空也が都に入るには、それ相応の思いがあったにちがいありません。ところが、そこもわからないのです。都から遠く離れ聖として遍歴している途中に「おしようにんさまどうぞわたしのむすこをさがしてください。むすこはきょねん、みやこにいけばきっとしごとがあるといってでかけましたがそれきりになりました。どうかむすこをさがしてください」という老婆にこたえるために来たのでしょうか。その都には二種類の人が住んでいます。一方は天皇とそのとりまきの貴族であり、そして圧倒的に多いのが地方から来た人たちです。しかし、都で生きることは並大抵ではないのです。若い女性は遊女になったかもしれませんが、ほとんどの人は飢え死んだことでしょう。鴨川がそうした人の行き倒れの場所でもあったのです。鴨長明の『方丈記』は名も伝わらない人たちの悲惨な姿をリアルに書いています。芥川龍之介の『羅生門』はそのような都を描いています。前期浄土教の時代社会です。そこには、食物もなく、住むところもない人たちがたくさん死んでいったさまが読めます。

そのような時代にあって、空也は、日本の「正しい大人」の先覚者のひとりです。市井に念仏をひろめたのです。吉水で法然（一一三三〜一二一二）の門下となった親鸞と同世代を生きた鴨長明の『方丈記』はよく読まれていますが、彼の『発心集』には、空也に関係する人たちの事績も記録されています。それはまた浄土教者の記録でもあります。

空也の出自はよくわかっていません。親がだれなのか。どのような身分であったのか。京都で出生したことは伝わっています。青年期には各地を放浪し三六歳になって京都に戻ってきて浄土教をひろめ念仏者として生涯を終わりました。慶滋保胤とも関係があります。『広辞苑』にも「京都を中心に貴賤を問わない口称念仏の布教を展開、市聖・阿弥陀聖と称せられた。九四八年（天暦二）比叡山で受戒しているが、戒名光勝は受戒後も用いていない」と解説しています。市聖・阿弥陀聖とは、自ら自由意志で僧侶の姿になって生きた「聖」たちのことです。同じく『広辞苑』によれば「聖」は、「官僧以外、一般の僧の称。また、寺院に所属せず、ひとり修行している隠遁僧の称。上人」という人たちのことです。権力や権威にまつろうことのない人たちで、乞食僧ともよばれ、民衆に寄りそって生きていました。空也の死を悼んだ文書が伝わっています。『空也誄』とよばれる文書です。慶滋保胤と同世代の源為憲が書いています。二人とも空也の晩年の活躍を壮年期に見聞していたといいます。『空也誄』は、空也の死の直後に空也と行動をともにしたであろう念仏聖たちからも聞き取りしています。「誄」とは、「死者生前の功徳をたたえて哀悼の意を表す詞。しのびごと。誄詞。誄文」（『広辞苑』）のことです。『空也誄』は、次のように浄土教の時代を拓いた空也の死を悼んでいます。

天伝樂声　超生死海
赴涅槃城　年之七十
被浄土迎　嗚呼哀哉

（「伝記験記集」『真福寺善本叢刊』第六巻、臨川書店、二〇〇四年、五三八頁）

また、慶滋保胤は『日本往生極楽記』を著し、その第一七人目に空也を次のように称賛しています。

沙門空也は、父母を言はず、亡命して世にあり。或は云はく、潢流より出でたりといふ。口に常に弥陀仏を唱ふ。故に世に阿弥陀聖と号づく。或は市中に住して仏事を作し、また市聖と号づく。嶮しき路に遇ひては即ちこれを鏟り、橋なきに当りてはまたこれを造り、井なきを見

るときはこれを掘る。号づけて阿弥陀の井と曰ふ。（中略）

嗚呼上人化縁已に尽きて、極楽に帰り去りぬ。天慶より以往、道場聚楽に念仏三昧を修すること希有なりき。何に況や小人愚女多くこれを忌めり。上人来りて後、自ら唱へ他をして唱へしめぬ。その後世を挙げて念仏を事とせり。誠にこれ上人の衆生を化度するの力なり。

（『往生傳　法華験記』日本思想大系、岩波書店、二九頁）

それから一世紀半ほどして、法然を師とした無支配の集団が吉水で生まれます。東山の麓でしょう。何故無支配であれたのか。それは彼らのほとんどが空也と等しい「聖」と呼ばれた人たちであったからです。また、法然は、支配者ではありません。カリスマでもありません。それはまた日本の仏教がはじめて支配権力から独立した仏教です。はじめて民衆にひろまる仏教なのです。その吉水の特色は、支配者側から弾圧によってその姿がいかに自由で平等であったかが理解できます。しかし、吉水のような無支配の集団は長く続きません。何故なら支配者の意のままにならないからです。支配者の側からみれば彼らは無法な集団としか思えないからです。

親鸞の生きた時代の仏教は天皇とそれをとりまく公家たちの権威の象徴です。南都の興福寺をはじめとする仏教も北嶺とよばれた延暦寺の僧侶たちもそのための威力の具です。彼らは加持祈祷を競い天皇にまつろう僧侶です。また天皇をはじめとする公家から入山して寺院の権利と財を得るところでもありました。親鸞はそうした仏教と僧侶から離れます。比叡山から降ります。青年のわたしはその道をなんどか歩いたことがあります。細い谷筋をたどる道でした。親鸞は二九歳のときに降りたのです。先に引用した難思議のことばは、その後、五〇歳を過ぎてから書かれています。親鸞は、念仏こそ、誰もが、生まれも身分も関係なく救われるという法然の選択本願念仏集団である吉水に入っていくのです。そして念仏を説く聖になります。親鸞の説く仏教はこれまでの特権階級だけが浄土に往生できるという仏教から誰もが往生し、そして衆生を救済するために還ってくるという浄土真宗を説くのです。そこでは、

南無阿弥陀仏

と称えるだけでいいのです。同じ頃、宇治に平等院が造られていますが、そこは名前こそ平等ですが、藤原貴族だけが浄土に往生できると想って造ったものです。歴史には名も伝わらない人たち、都の辻に逝き倒れる人たち、そのような人たちがいっぱいいました。そのような人たちを目の前にして親鸞は法然の教えのもとに念仏に開眼するのです。しかし、天皇や貴族にはおもしろくなかったでしょう。旧来の南都仏教や北嶺も吉水の念仏集団を禁止させようと天皇に訴えます。そして興福寺の学僧であった貞慶（一一五五～一二一三）は、念仏を不当とする九条からなる「興福寺奏状」を書き、天皇は法然ら吉水の念仏者を流罪や死罪をもって弾圧するのです。親鸞が三五歳の時です。

2

空也から始まる浄土教の時代の先覚者たちは、利己主義の社会、穢土のなかで、浄土教をひろめるのです。そして、その時代の後半に法然、親鸞によって利他主義の時代がひらけるのです。浄土教の時代をひらくことになった空也の行動は、浄土教の時代の前半のなかの利他主義の実践です。その空也の浄土教について大乗仏教の精神であるという学説があります。空也が聖と呼ばれた事実もあります。空也ゆかりの六波羅蜜寺には口から六体の小さな阿弥陀仏を出す空也像（康勝作）が伝えられており遊行する念仏聖の面影をよく写し出しているといわれています。しかし、いまに伝わる空也像からイメージするような空也ではなかったかもしれません。正確な出自も伝わらないという空也は、むしろ『日本往生極楽記』を著した慶滋保胤やその学友といえる源為憲らが描き続けた浄土教の時代の象徴であったというべきです。

空也に教化された千観（九一八〜九八三）という学僧がいます。『十願発心記』という書物をのこしています。二葉憲香は、彼が発心したのは大乗菩薩道で浄土教の思想だという論文を書いています。利他思想の文脈で読めます。その利他思想は、世の東西に知れます。カントの『実践理性批判』の「根本法則」には、「君の意志の格率が、常に同時に普遍的立法の原理として妥当しうるように行為せよ」（岩波文庫、五〇頁）とあり、ここでいう「格率」は、「意志の蓋然的制約のもとにおける実践的規則」（同五〇頁）とも読めます。つまり、自然でなければ、理解不能なのです。作為的ではない、自然な当為なのです。柄谷行人は、このカントの純粋実践理性の根本法則を次のように読んでいます。

君の人格ならびにすべての他者の人格における人間性を、けっしてたんに手段として用いるのみならず、つねに同時に目的（＝自由な主体）として用いるように行為せよ。

（『トランスクリティーク』批評空間、二〇〇一年、一七一頁）

この「つねに同時に目的として用いるように行為せよ」とは、他者の自由を侵さないことです。他者の存在を尊ぶことです。カントも利他主義で思惟しているのです。そこから「自由な主体」が自然に在ることと読み替えてもよい思想が読めます。先述した千観の発心も空也との出会いが契機となっています。しかし、千観の他者観は、「つねに同時に目的として」まで至りませんでした。千観の出家は世を離れることでした。他者から離れるのです。それは消極的な実践というべきです。二葉憲香の論述する千観に浄土教思想はまだめざめきっていないのです。空也のように市井のなかでの実践にもなりません。空也と離れざるをえない思想主義者になっていったといえます。

わたしのいうところの浄土教の時代は、三世紀半ほどの時代になりますが、その時代社会の様相は、惨憺たる状況です。その時代の都は、鴨川の西側にひらけています。藤原忠通の子にして、歌人であり、前後四度、天台座主に就任した慈円（一一五五～一二二五）は、鴨長明と同世代の人です。『方丈記』の書かれた時代は、宮廷の女官である紫式部が天皇とそれにまつろう貴族社会をおもしろき物語として書いていた時代から半世紀後です。京の人口は、一二万から多くて一五万人であるといわれます。日本全体の人口は多くても五〇〇万人ぐらいの時代です。そのなかで天皇をはじめとする貴族は一万人ほどであったでしょうか。その彼らの生活は「年中行事となった官職の任免や儀式や遊宴を催行するほかにしごとらしいしごとがなくなってしまい、人民大衆との現実のつながりはその角度からも失われていった。なお、そればかりではなく、かれらの政治的・経済的基盤である地方の農村との関係においても、地方政治は赴任する地方官や在地の官人に、荘園の管理を同様に在地の領主または庄官に掌握させて、収益の何分かを都にいながらにして徴収するのみの、名目上の最高権利者であるにすぎなかったから、この点においても、農村との結びつきは実質的に断ち切られてしまったのである」（家永三郎『日本文化史』第二版、岩波新書、一九九五年、八〇頁）というありさまであり、天皇の居場所である宮廷を保つためにだけあるのです。女官となった紫式部の『源氏物語』は、そのような宮廷の生活とそこでの人間関係のもつれを描いていますが、少し時代がくだると下級貴族であった鴨長明は、そうした時代社会を『方丈記』であばいています。そこには下級貴族層なるがゆえのルサンチマンもうかがうことができるでしょう。これから書き進む浄土教の時代の当初は、下級貴族層のルサンチマンを超克する思想になったといっても過言ではないのです。それはまた、宮廷主流の宗教思想にもなりましたが、そこには時代社会の変遷、摂関政治の揺るぎも見逃せません。

わたしが学んだ仏教学は、浄土教思想を大乗菩薩道の実践といいます。そのように説かれてきたのです。しかし、浄土教の時代の当初、権力者には、そのような理解はありません。そのことについてはまた後述しますが、宇治市にある平等院の鳳凰堂も浄土教の時代の貴族が権力にまかせて想念した建造物に過ぎないのです。そのことで思い出しましたが、わたしに疑問がありました。妻子や親をすてて出家した釈迦の行動に疑問を抱いたのです。「仏教学概論」の講義だったと思いますが、わたしには、父が戦死したのではないかという思いがありましたから、そこで質問したのです。「残された母や子をどう思うのか」と。教室が一瞬静まりかえりました。

そのことはさておき、釈迦は、二九歳のときに出家します。共同体に内属しない生き方を選んだといえます。釈迦は「個人」に返ったのです。自由になります。そして難行苦行を重ね三五歳のときにスジャーターという娘が差しだした乳糜(牛乳で調理した粥)で体力を回復し、やがてブッダガヤの菩提樹の樹の下で悟ります。わたしがインドに半年、遊学しているときに大学の同級の知人がブッダガヤの日本寺僧侶として駐在していましたので、世話になりました。釈迦が悟ったという菩提樹は大木でした。大きな仏塔が建立されていました。親鸞は、逆に二九歳のときに比叡山を降り、新たな生き方を求めています。

3

空也から親鸞までの浄土教の時代には、空白の時代があります。年表を作成してみますと奇妙なことに気づきます。その途中に断絶したかのような空白があるのです。そこでまずそのことから考えてみたいと思います。

気になるのは、浄土教の時代に約一〇〇年ほど空白の時代があることです。どうしてそのような空白ができたのでしょうか。時代社会が急変したわけではありません。空也に感化され浄土往生を願う人たちがいたにもかかわらず源信没後、法然が吉水に移るまでのおよそ一〇〇年間は、どうしても空白になってしまいます。何故かと考えていたとき「そうだったのだ」と思う文書に出会いました。引用します。

臭いもの、蓋《ふた》を除《と》れば肥桶《こえたご》で、美事な形式を剥ぐと大抵は露悪になるのは知れ切っている。形式丈《だけ》美事だつて面倒な許《ばかり》だから、みんな節約して木地丈で用を足してゐる。甚だ痛快である。天真爛漫としてゐる。所が此爛漫が度を越すと、露悪家同志が御互に不便を感じて来る。其不便が段々高じて極端に達した時利他主義が又復活する。それが又形式に流れて腐敗すると又利己主義に帰参する。つまり際限はない。

（『漱石全集』岩波書店、一九六六年、第四巻「三四郎」一七八頁）

奇妙に思われるかもしれませんが、わたしは、その空白の時代が空也のひろめた念仏による利他主義と法然らがひろめた利他主義の間、貴族らの利己主義になった問であったと考えてみたいのです。仏教学者は、漱石の思惟を浄土教の歴史の理解になじまないと指摘するでしょうが、主義は principle の訳語であり、ドイツ語のイデオロギーとも同義語のように理解できるのです。『広辞苑』は、「イデオロギー」を「歴史的社会的に制約された考え方。史的唯物論においては、政治・法律・道徳・芸術・哲学などの社会的意識は、一定の歴史的な社会の経済的構造（下部構造）によって制約されるものと考える。従って、その上部構造としての意識は、社会のそれぞれの階級ないし党派の利害を反映するものと見なす。観念形態。転じて、単に思想体系・思想傾向・考え方の意味にも使われる」と解説しています。

つまり、空白の時代は、空也に始まる利他主義から法然を師とする親鸞の利他主義へという時代の間であったのです。空也は、浄土教を市井にひろめた聖人でした。そしてその後、およそ一〇〇年後に、法然を師とする吉水の地に念仏者たちが集まったのです。そこに集まった多くの人は、時代社会の下部構造に属する人たちです。その彼らの出現する前には、利己主義を土壌とした文化が生まれています。その象徴が『源氏物語』といえます。藤原道長（九六六〜一〇二七）の時代です。娘を天皇に嫁がせ、栄華を極めたといわしめた時代であり藤原氏極盛時代と呼ばれる時代です。それは、吉水に法然たち念仏者たちが集まり利他主義にいたるまでのすこし前の時代です。それが浄土教の時代の空白時なのです。

道長から始まる藤原氏極盛時代は、源信と法然の間でもあったのです。そして時間が進みます。法然の弟子である親鸞によって浄土教の時代は成熟します。それはまた利他主義（空也）と利己主義（道長）の次に生まれた至高な利他主義であったのです。吉水の念仏宗団が生まれ、そのなかから親鸞は育ったのです。それはこれまでの天皇や貴族のための仏教ではありません。歴史に名を刻まれない人々のための仏教、浄土真宗の開花であったのです。前述した慶滋保胤は、空也の影響を受け日本浄土教の最初の体系となった『往生要集』を書いた源信らとともに「二十五三昧会」という念仏サークルをつくります。共同体に内属しない浄土教を理念としたサークルです。しかし、現実はそこからまた不便が生まれてくるのです。直接的には仲間の病気や死が契機になります。「天真爛漫としてゐる。所が此爛漫が度を超すと、露悪家同志が御互に不便を感じて来る」という現実が起こってくるのです。浄土教の時代の前期における利他主義の限界でもあります。あとで述べる浄土に往生し、浄土から還相して衆生を救済するという浄土真宗の思想が生まれるまでその不便を超える思想はなかったのです。

4

親鸞は越後へ流罪になり、そして赦免後も、六〇歳前頃まで都に帰ることなく、関東の地に留まっています。その地の多くは未開の大地だったでしょう。親鸞は、その未開の大地を開拓する人たちに念仏を教え、釈迦がひらいた仏教の教えを浄土真宗として説くのです。そのための根本となる『教行信証』を草稿していたのです。『教行信証』は六章からなり「序」に続いて「教」の巻で始まりますが、「教」の巻は、実に簡潔に書かれています。次章は、「行」の巻です。そのなかに「つねに大衆のなかにして、説法師子吼せん」という文類を『仏説無量寿経』から引用しています。それはまた支配権力と相対することであり、具体的には、権力から離れること、距離を保って生きることだったでしょう。二〇〇二年のわたしのノートに次のようなことを書いています。

われわれは、意識する、意識しないという、そのいずれをもってしても「官威権力」がばらまくプロパガンダの洗礼にみまわれる。それは戦争、ナショナリズム、そして美食に至るまで、われわれは、プロパガンダの餌食であり、その消費者に仕立て上げられる。プロパガンダがより有効であるために巨大な資金を必要とする。その時、われわれは、もう一つの罠に気づく。消費者は、その資金を担う生産者であると。パレスチナへの迫害者であるとも。「自由であれ」という至上命令は、ここから始まる。

親鸞の後半生は、官威権力からの離脱です。『教行信証』の意趣、思想はまことに深く、読んでいる時代や社会の状況によってもその思想の捉えどころが違ってきます。一九七〇年代に『人間として』という季刊誌が発刊されています。小田実、開高健、柴田翔、高橋和巳、眞継伸彦が編集同人でした。わたしはいまも『人間として』と、さらに一九八〇年代に出版された『使者』が愛読書です。理由は、人間としての思惟を促されるからです。思惟しつつあるわたしを意識できるからです。

思惟する人はいつの時代にもいます。そのための新たなことばにも出会えます。3・11後も新たなことばとの出会いがたくさんありました。最近では、柄谷行人の『哲学の起源』もそうです。そこには次のように書かれています。

倫理とは個人がどう生きるかにかかわる。だが、共同体に内属する状態では、真の意味での個人は存在しない。そこから出たときに初めて、ひとは個人になる。その時初めて、「自己」が見出され、また「倫理」が問われるのである。（『哲学の起源』岩波書店、二〇一二年、五七頁）

このことばから思惟したことは、流罪後の親鸞が、つねに「個人」になっていたということです。天皇家や摂関家、南都北嶺の仏教などが支配する共同体に内属することを、親鸞は思惟しつつ、浄土真宗で超えたのです。翻ってわたしの現実はどうでしょうか。敗戦後七〇年になりますが、わたしを取り囲む社会は、逆に共同体に内属させる社会です。そしてその代価をお金によって補っているのです。資本に寄与しているのです。それは、丸山真男の論述する「おとな」の共同体の精神（掟）を、知らず知らずというよりも、無知によって身にまとっているのです。丸山真男は『日本の思想』で次のように書いています。

日本における統一国家の形成と資本の本源的蓄積の強行が、国際的圧力に急速に対処し「とつ国におとらぬ国」になすために驚くべき超速度で行われ、それがそのまま息つく暇もない近代化――末端の行政村に至るまでの官僚制支配の貫徹と、軽工業及び巨大軍需工業を機軸とする産業革命の遂行――にひきつがれていったことはのべるまでもないが、その社会的秘密の一つは、自主的特権に依拠する封建的＝身分的中間勢力の抵抗の脆さであった。（同四四頁）

また、その章の注解には次のように書かれています。

日本のナショナリズムがまさに、底辺の家族愛あるいは部落愛を体制全体に動員する方向と、官僚的国家主義の方向との合流から成立っているために、穂積八束のような官府的国家主義者を慨かせたように、「我カ固有ノ忠孝ノ大義ハ中外ノ欣望スル所ニシテ万国ニ対シテ誇ルヘシ……然レトモ国家ノ自覚ニ於テハ我尚或ハ欧州一二三ノ立憲国民ヲ羨ムヘキ所ナシトセス」、「忠君愛国ノ至情ト云フモ多ハ疎大ナル慷慨心ニ流レ身ヲ以テ国ニ殉スルノ大義ヲ弁スルト同時ニ、虚偽ノ事項ヲ作為シテ兵役ノ義務ヲ回避シ、資産ヲ隠蔽シテ課税ヲ免レントス」（『論文集』三

> 六五頁及び三二九頁）というディレンマに最後まで悩まねばならなかったことと、ちょうど表裏の関係にある。この自然権なき自然状態は「日本文化の根底に潜むもの」（きだ・みのる）かもしれないが、それが抽象をくぐらぬ「具体」であるかぎり、権力の根拠を問う姿勢はそこからは形成されない。
>
> （同五一～五二頁）

個人たることを自覚する精神であり、「封建的＝身分的中間勢力の抵抗の脆《もろ》さ」をそのまま引き継いでいるのです。そうした脆い精神の堆積が現在の日本の豊かさです。国民国家という共同体に内属していることです。戦後の経済成長は、都市部、つまり生産拠点となった都市部に人々を吸い寄せました。そして、やがて新たな家族が形成されます。核家族とよばれました。都市に住むようになった核家族の世代は、まちがいなく市場にかかわる共同体に内属される存在になります。また、市場はそのような新たな「おとな」の共同体を必要としたのです。そこに個人は存在しません。市場を形成する産業や、またその市場を支える役所や学校も共同体の模範を果たしているのです。

5

先に、わたしは地産地消ということを書きましたが、自然な地産地消は、巨大な市場の拘束をゆるめることでもあるのです。地産地消は抽象化できないからです。そして自然に生きる自己の有限性に気づかされるのです。その気づきが倫理です。ちなみに抽象をくぐらぬ「具体」は共同体に内属する世間に生きることです。「おとな」の共同体に過ぎないのです。そこには倫理がないのです。

共同体に内属する道徳は、個人の価値も極力排除します。何故なら、それは巨大な市場を希うからです。巨大な資本を必要とするからです。コスモポリタンには対応できない約束事です。それが道徳とよばれてきたのです。特定の共同体の利益と秩序を維持する精神的経済的、さらには伝統的な文化装置です。逆に、倫理とは個人になった自己に生じるのです。柄谷行人の『倫理21』は、キルケゴールの思想から倫理を倫理Aと倫理Bに分析していますが、倫理Aは、先の共同体に内属している道徳です。丸山真男のいう「おとな」の掟であり、その当事者たちの暗黙の決まりです。対して、倫理Bはコスモポリタンの見果てぬ当為といえるでしょう。ちなみに、ここでの当為（Sollen）とは、「あること」（存在）および「あらざるをえないこと」（自然必然性）に対して、人間の理想として「まさになすべきこと」「まさにあるべきこと」を意味します。当為にはある目的の手段として要求されるものと、無条件的なものとがありますが、カントの当為（道徳法則）は、後者です。カントの道徳法則は、柄谷行人が援用するキルケゴールの倫理Bであり、無条件的です。つまり、コスモポリタンの倫理なのです。その無条件的な倫理は、自然な個人になろうとする人の思惟しつつあるところに働くのです。しかし、現実世界にコスモポリタンはいません。

「日本人です」という対象（他者）はいますが、「世界人です」という他者は、思惟することでしか生まれません。でもコスモポリタンであろうとする自覚は可能です。その自覚によってカントのいう当為が可能なのです。親鸞は、それを「とげんとおもう」と表現しているのです。わたしは、そのように思惟するのです。そして、そういう自覚にめざめて生きることが個人として生きることです。それが自然な自己に生きることであり、だからこそ、倫理的な生き方とよべるのです。倫理がもたらす生き方です。後述するスピノザの自然権でもあるのです。しかし、「日本人」は、近代日本に限ってもいいのですが、共同体に内属し、そして隷属して歩んできたのです。

そこからは、かつて足尾銅山の鉱毒事件を書いた『谷中村滅亡史』をもって記録された暴虐なる事業者であり政府の無責任の体系に支配されていた封建的＝身分的中間勢力の抵抗の脆さを思わずにおれません。田中正造のもとで最後までたたかった数家族は格別な個人なのです。多くの谷中村住民は、自らの自然権に気づくことなく権力に隷属したのです。共同体に内属されるのです。個人にならなかったのです。そうした民衆の抵抗の脆さをわたしは、田中正造から学びました。その反権力思想は、その後、水俣、三池、さらには三里塚などで一部の個人に受け継がれましたが、権力を問い糺す自然権として生育し、実践する時代や文化の倫理までに育ちませんでした。市場原理を手段とする資本が自然権を独占してきたという他ありません。原発、核産業は、そのもっとも反自然なる手段となってきたのです。

6

野間宏は、浄土を「作用するもの」と思惟しつつ『教行信証』を読み『親鸞』(岩波新書、一九七三年)を書いています。その浄土ということばは、はるか昔に、インドで生まれた浄らかな世界を意味します。「浄福な永遠の世界」(『岩波仏教辞典』)といわれます。わたしは三〇代のはじめにインドに半年間遊学しヒッピー生活も体験しました。ある時、仏教遺跡として有名なアジャンタの石窟を訪ねました。そこは村から遠く離れた渓谷です。その時の印象は、とてもこのような石窟ですごすことはできないという思いでした。石窟の壁面は美しい仏画や彫刻で彩られています。浄土の世界でしょう。しかし、わたしには長い時間をすごせるとは思えませんでした。煮炊きする場所は何処にあったのでしょうか。石窟の周囲はジャングルです。渓谷に沿った美しい石窟でしたが、街からもあまりに遠く離れています。バスが一日に数本だけ通っていました。そのころのアジャンタには宿泊できるところはなかったのです。どうしてアジャンタのような場所で生活することになったのでしょう。そういえば日本の歴史にも山里に思いをはせる歌がたくさん詠まれています。でもアジャンタのような迫力を感じることはありません。

平安時代の貴族たちは山里の景観にあこがれています。下級貴族層である鴨長明もそのひとりでしょう。そして隠遁します。その山里から自然的宗教観が生じたと家永三郎は書いています。でもインドと日本では、気候風土があまりに違います。ベンガルトラの生息しているような山林とふくろうや鹿の声に風雅をたのしんだ日本の隠棲とは違います。アジャンタの修行僧はなにを食べていたのでしょうか。篤信な人がときどき持ってきてくれたのでしょうか。インドにいたときに炒った小麦粉を水で練って食べたことがありますが、ともかく石窟での生活は桁違いに厳しいだろうと思いました。それはエローラーの石窟でも同じです。あの石窟から平安貴族のあこがれた死後の浄土を観相することなど想像できないことでした。ただただ畏れ入るという感じで石窟を巡回したことを思い出します。

親鸞と同朋

1

親鸞晩年に次のような文書があります。

れうし・あき人さまぐ〱のものは、みないし・かわら・つぶてのごとくなるわれらなり。如来の御ちかひをふたこゝろなく信楽すれば、摂取のひかりのなかにおさめとられまいらせて、かならず大涅槃のさとりをひらかしめたまふは、すなわちれうし・あき人などは、いし・かわら・つぶてなむどを、よくこがねとなさしめむがごとしとたとへたまへるなり。摂取のひかりとまふすは、阿弥陀佛の御こゝろにおさめとりたまふゆへなり。

（『真宗聖教全書』二「宗祖部」『唯信鈔文意』六四七頁）

「れうし」は猟師やまた漁師でもあるでしょう。「あき人」は、商いをする人。「さまぐ〱のものは」

大地に生きている人たちでしょう。彼らは、支配権力から遠く、そして搾取される人であり、自然権を無視されてきた人たちです。親鸞は、そのような彼らを同朋として「いし・かわら・つぶてのごとくなるわれらなり」といいきります。そして「如来の御ちかひをふたごゝろなく信楽すれば」自立した個人になると教えているのです。さらに読みすすむと、後述する「横超」ということばに出会います。仲良しごっこではありません。自由なる個人と個人が同朋となるのです。それはまた、倫理を得ることでもあるのです。この場合の倫理とは、人間としての矜恃でしょう。どんなにさげすまれようと、また貧しさにあっても、「正しい大人」として生きることにちがいありません。「正しい大人」に年齢制限も性別もありません。支配者もなく被支配者もないのです。そしてそこに初めて「人間として」の利他の生活が営まれるのです。自然への畏敬の念も生れるのです。飢饉にあうごとに人々は大地こそが存在の根拠であるとめざめたことでしょう。そのようなめざめを親鸞は同朋に話し、手紙し、はげましていたのでしょう。

『唯信鈔文意』の「れうし・あき人さまぐ〵のものは、みないし・かわら・つぶてのごとくなるわれらなり」という文書は、親鸞の法兄に位置づけされている聖覚（一一六七〜一二三五）という人が書いた『唯信鈔』を読んだ親鸞の「本意」です。聖覚は、法然の高弟のひとりです。『唯信鈔』は親鸞に大きな影響を与えています。その『唯信鈔』は、親鸞が四九歳の承久三（一二二一）年に書かれています。そのころ親鸞は流罪後に向かった常陸（茨城）の地にいます。親鸞が最初に『唯信鈔』を書写したのは五八歳といわれていますから、九年後のことになります。その後もなんどか書写したようです。そして七八歳になって『唯信鈔文意』を著しています。先に引用した文書は八五歳の時のものです。その間になにか違った言説が加わったのでしょうか。興味深いことです。

浄土教の時代の完成者としての親鸞は、流罪から関東へ、そして洛陽（京都）に帰りますが、親鸞は天皇や藤原貴族の共同体の内属には一歩も足を踏み込みません。それどころか、親鸞は、「いし・かわら・つぶてのごとくなるわれらなり」として九〇歳まで生きたのです。親鸞こそ日本最初の自然権、人権を宣言した人であり、その実践者であったのです。浄土真宗をはじめて生きた人であったのです。

2

浄土真宗は、利他主義のイデオロギーに違いありませんが、でもその内実の理解には、さらに複雑な思惟が必要です。ここではマルクスの『ユダヤ人問題に寄せて』の政治的解放と宗教的解放の関係分析も欠かせない考え方であると指摘しておきましょう。それはまた、極めて冷徹というか判然とした認識です。世界史の構造には、つねに利他主義と利己主義を掲げる時代が行き交い混じり合っています。漱石は、利己主義に突き進む同時代を批判しました。「浄土教の時代」もそうです。それはさらに、それまで身分も定かでなかった貧しい人たちこそ救済されるという仏教の創造であり王権や貴族の装飾仏教や神祇を突き放していたのです。

浄土の姿は仏教経典に読むことができます。また、何度かインドの仏跡を訪ねたわたしには、どうしてあのような華美な世界になるのか実感できませんでした。さらにこどものときもっとも苦手な時間は僧侶が来て仏壇のまえで「むにゃむにゃ」と唱える時です。その時の線香の匂いがどうしてもなじめませんでした。お盆のお勤めがおわると御供えのスイカやまんじゅうが食べられるのですが、線香の匂いがうつっていて食べられません。線香の匂いにどうしてもなじめませんでした。だから「むにゃむにゃ」は嫌いでした。

わたしはそのころ二種類のお坊さんと出会っています。一つは、さきに書いた家にきて「むにゃむにゃ」とお経を唱えるお坊さんです。そして、もう一つは、家の近くの智積院という寺に修学に来ている若いお坊さんです。智積院は真言宗智山派の総本山です。お坊さんの学校があり、地方から若い青年が来て修学していました。そのなかに家に遊びに来る青年たちがいて兄のように親しんでいました。よく遊んでくれました。いまは線香の匂いにもなれました。六〇歳代には、毎年初夏と秋、一カ月ほど奥出雲の寺に行きました。本堂裏の講師部屋とよばれる部屋で寝起きするのですが、線香の匂いもなれました。それに二八歳の時に浄土真宗本願寺派の僧侶の資格を得ました。わたしもお坊さんになったのです。それでもわたしの内心には、お坊さんが好きになれない理由がまだありました。本願寺宗務所の重役は、全共闘運動を理解できなかったからです。その本願寺は、親鸞の死後にその孫娘が親鸞の墓をつくり坊舎を建てたことから生まれますが、親鸞の思想と本願寺の歴史はあいならびません。丸山真男も次のように書いています。

それにしても戦国時代までは、法然・親鸞・日蓮などの法難、北陸や三河の一向一揆、さらに政治勢力にたいする抵抗のエネルギーをもっていたが、徳川時代に寺院が完全に自主的な勢力基盤を剥奪され、寺社奉行のコントロールの下に、行政機構の末端にくり入れられて以後は、俗権に対抗して人びとの忠誠を争奪する可能性も現実性もほとんど失ってしまった。

（『忠誠と反逆─転形期日本の精神的位相─』筑摩書房、一九九二年、五九頁）

日本仏教の現実は、明治維新後にも「自主的な勢力基盤」を行政機構の末端に位置づけられます。その結果、近代日本のアジア侵略の先兵となりアジア太平洋一五年戦争を「聖戦」と名づけました。手元に一九四〇（昭和十五）年三月「本派本願寺審議局」という西本願寺の中枢部が発刊した文庫本『福田文化の再建』（龍谷叢書第十）があります。その一節を紹介します。

世界に国家多しと雖もたゞ彼（中国のこと）をして精神的に救済し眞の文化國たらしむるものは、眞の文化を持つ日本を措いて何れにも発見することは出来ない。彼をして日本の文化建設に学ばしめ眞正なる文化的使命に開導して世界平和の大理想の実現に参加せしむる事が東亜建設の原理であり方途である。

（カッコ内筆者）

これが本願寺のその時代の「教化」だったのです。ちなみに同時代、石川達三の『生きている兵隊』は、「文化的使命に開導」している日本軍の威信を汚したとして発禁処分になりました。いま文庫本で読んでみると、日本軍のあさましい中国侵略の姿が読めます。『生きている兵隊』には、いまなおアジアの人々の心に深くしみこんでいる侵略戦争の惨禍が描かれています。仏教徒も加害者です。わたしは、これまでなんどか仏教の戦争責任・戦後責任の問題を考えました。そのときいつも参考にした本があります。市川白弦の『仏教者の戦争責任』です。その核心が次のことばです。

われわれの戦争責任の反省が、天皇制にたいする批判と、われわれの内なる天皇制的エートスにたいする自己批判を欠くならば、それは不徹底というほかないであろう。

（『仏教者の戦争責任』春秋社、一九七〇年、五頁）

その市川白弦が反戦にめざめたのは少年時代です。右に引用した本を読んでみます。

……社会悪、国家悪にたいするヒューマニスティックな憤りが、わたくしのなかに定着していった。少年期から成長してきた反戦、反国体の感情は後年、国家と戦争にかんする社会科学の文献をよむにいたって、ゆるぎないものとなったが、これと前後して、仏教が現代の社会思想をもつとするならば、それはB・A・C（Buddhist-Anarchist-Communism）になるであろう、というばくぜんとした構図をえがくようになった。この構図が芽ばえたのは昭和五年（一九三〇年、すなわち満州事変の前年）ごろであり、わたくしの軍国主義にたいする抵抗は最後のよりどころを、この構図においていた。

般若の空慧を社会構成の基本的な精神・原則とするならば、仏教は政治的には力（権力）による支配を精神・原則とする体制を否定する——それは政治をきらうがゆえに、政治的とならざるをえないプロセスを、必然的にふくむ——anarchism、経済的には、排他的私有を基本の精神・原則とする体制を揚棄するcommunism、そして倫理的・宗教的には、このような社会体制の建設、存続、発展のための主体的条件をととのえること、それにおいて生きること、いいかえるならば、個人の創意と相互扶助と自主的連合を促進するメンタリティ・生活態度を形成する精進《しょうじん》のなかで、人間的実存の垂直的な自己疎外（家舎ヲ離レテ途中ニ在リ）の超克と、水平的な自己疎外（自然からの人間の自己疎外、労働における人間の自己疎外、社会のメカニズムによる人間の自己疎外）を克服し、すべての人間が造化と創造の悦びを一つにするような世界の建設（拙著『般若経』参照）、このようなのがB・A・Cの構想であった。（華厳の蓮華蔵世界は、具体的にはB・A・Cのかたちにおいて、またそれを基体として、地上に射影・展開されてゆく世界ではなかろうか）。

（同一五頁～一六頁）

このような思想で市川白弦は、時代社会を相対化するのです。浄土も時代社会を穢土として捉えた大乗仏教の到達点ですが、その穢土こそ市川白弦のことばにある自己疎外を強いられるところなのです。また、時代社会が利他主義か利己主義かを見極めることは、浄土に立ったときに可能なのです。浄土に立てるのは信心です。現実の世界史の構造を思惟するならば、利他主義、利己主義という時代社会の様相を「正しい大人」は信心によって見分けられるのです。廣松渉は、「人間の意識なるものも『一つの社会的な生産物』であり、『人間の社会的な存在が彼らの意識を規定する』のである」（『唯物史観の原像』三一書房、一九七一年、二一二頁）といいましたが、社会的な存在とは、穢土に立っていることのめざめであり、その自覚です。そのように人間が生きている場が穢土です。だとすれば、穢土は、「唯物史観」からも違和なく理解できることでしょう。

3

法然を師とする吉水の念仏集団は、社会の底辺に生まれた人たちばかりではありません。法然は受領の子息です。親鸞もおそらく最下層の貴族の出自でしょう。しかし、法然を師と仰ぎ吉水の地に集まった専修念仏の人たちは、セクショナリズムに陥りません。また南都北嶺のような時代社会の体制を維持するための寺院も造りません。そこでは、法然を師と仰ぎつつも、それぞれが浄土教の教義のもとに自由になりえたのです。その結果、吉水の集団は、天皇をはじめとする公家の御用となっている南都北嶺の寺院からはげしい指弾を受けます。南都北嶺は、宮廷に強訴し、吉水の自由を解体させるのです。親鸞も法然とともに「念仏禁止」の罪に問われます。親鸞は越後に流罪となりますが、赦免後も京都に帰ることなく関東に向かいます。関東には、後で述べる自然権が働く大地があったからだと思います。そもそも念仏禁止の理由は、天皇の権威に反し共同体に内属していないという理由です。それは、延暦寺や興福寺が強訴したという念仏禁止の理由を読んでみると理解できます。

一二〇四(元久元)年のことです。親鸞が吉水の集団に入って三年目の三二歳の時です。法然は、延暦寺の専修念仏停止《ちょうじ》の訴えに対応します。六条からなる「一向専修の乱行の停止」といういいがかりです。翌年の一二〇五(元久二)年の「興福寺奏状」は九条からなります。後者は教学的な文面ですが、朝廷の権威をもって念仏を禁止すべきであるという訴えはおなじです。天皇や貴族の権威や権利を楯に念仏者の存在を恐れている内容です。浄土教が「一宗」として立ちあがることも誹謗します。天皇や貴族の浄土往生はあっても市井の名も伝わらない人たちの浄土往生は認められないというのです。

そこで先の北嶺の念仏弾圧に対して、法然は、自ら七箇条を定め門下百九〇名に連署させています。署名した人は、きっと門下のすべてではないでしょう。遠方に出かけ署名できなかった人もいたことでしょう。そのころ親鸞は綽空と名のっていて九〇番目に署名しています。延暦寺の念仏禁止に応えた「七箇条制誡《しちかじょうせいかい》」と名付けられた書状です。制誡には次の七条が記してあります。

一、天台・真言の教説を破したり、諸仏・菩薩をそしったりしないこと
一、無智の身で有智の人と諍論しないこと
一、別解・別行の人に対して、その行業を捨てよと説いたりしないこと
一、念仏門には戒行がなく造悪を恐れないなどと主張しないこと
一、ことごとに私義をとなえないこと
一、痴鈍の身をもって道俗を教化しないこと
一、邪法を正法と称して説いたり、偽って師説と称したりしないこと

（『浄土真宗辞典』本願寺出版社、二〇一三年）

「七箇条制誡」の内容を一つひとつ読んでいきますと、これは「制誡」というより、天台・真言の教説や僧侶を相手にするなといった内容です。彼らは、虎や狐に失礼なことわざですが、虎の威を借る狐に過ぎないのです。相手にしないのに越したことはありません。「痴鈍の身をもって道俗を教化しない」は、もっともらしくも読めますが、「痴鈍」とは、吉水の念仏者に通用しません。また、その後に法然、親鸞らが流罪となる「興福寺奏状」は九条からなりますが、さらに威圧的な文言で書かれています。

親鸞がなんども書写したという『唯信鈔文意』の文書のなかで、親鸞は、天皇をはじめとする貴族らの共同体に内属しない人たちの存在を明確に書き表していましたが、その人たちは、支配者側から見ると「痴鈍な存在」です。否、共同体に内属しない人たちを「痴鈍な存在」としているに過ぎません。彼らこそ「正しい大人」なのです。共同体に内属する人たちこそ大痴鈍なのです。生涯、自分の日々の生活をほとんど書き残していない親鸞が、『教行信証』の「化身土巻」の末「後序」に次のように記しています。

ひそかにおもんみれば、聖道の諸教は行証久しく廃れ、浄土の真宗は証道いま盛んなり。しかるに諸寺の釈門、教に昏くして真仮の門戸を知らず、洛都の儒林、行に迷ひて邪正の道路を弁ふることなし。ここをもつて興福寺の学徒、太上天皇［後鳥羽の院と号す、諱尊成］今上［土御門の院と号す、諱為仁］聖暦、承元丁卯の歳、仲春上旬の候に奏達す。主上臣下、法に背き義に違し、忿りを成し怨みを結ぶ。これによりて、真宗興隆の大祖源空法師ならびに門徒数輩、罪科を考へず、猥りがはしく死罪に坐す。あるいは僧儀を改めて姓名を賜うて遠流に処す。予はその一つなり。しかればすでに僧に非ず俗に非ず。このゆゑに禿の字をもつて姓とす。空師ならびに弟子等、諸方の辺州に坐して五年の居諸を経たりき。

（『真宗聖教全書』二「宗祖部」昭和四二年二〇一頁、原文漢文）

長い引用になりましたが、これほど率直に時代社会を批判した歴史文書は少ないです。ここには、念仏者となった親鸞がいます。念仏者となった親鸞の思想と行動が明確に記されています。それに反して、「主上臣下、法に背き義に違し、忿りを成し怨みを結ぶ」という文書が、天皇制国家となった近代になると、本願寺の教学者は、天皇を指す「主上」の二字を伏せ字にしました。一九八五（昭和六〇）年に刊行された『浄土真宗聖典――原典版――』（本願寺出版部）まで伏せ字の『教行信証』を学生たちは読んでいます。わたしも最初に講読した『教行信証』（編者＝真宗聖典全書編纂所、『真宗聖教全書』二「宗祖部」昭和四二年刊）は伏せ字になっていました。

親鸞が流罪になっていた実際の時期は、およそ四年間です。師の法然も讃岐に流罪されますが、一二一二年、都に戻った直後に往生します。師の往生を親鸞は越後で聞いたことでしょう。

親鸞が流罪後、関東に向かったのは、師のいない都でなく、より念仏者として自然に生きる大地への移動であったと思います。都には、もはや念仏者の自由はないのです。仏教を否定している、自由を否定している、そのような体制の御用仏教しか都にはないのです。親鸞が向かった関東は、きっとまだ開拓がはじまったばかりです。人々は、大地とともに、自然に生きたのです。御用仏教などがまだ及ばない大地だったのです。都には、もはや本願念仏の教えを「正しい大人」の生き方として説くこともできないのです。その後、親鸞は、六十歳前後に都に帰りますが、その後の親鸞は、関東の「れうし・あき人さまぐ〳〵のものは、みないし・かわら・つぶてのごとくなるわれらなり」の同朋との交流を生涯続けています。親鸞は、本願念仏の「使者」として九〇歳まで京都で生きたのです。そして、はやり歌（今様）のような節がつけられる多くの「和讃」を書いていています。都人にはだれにも読まれなかったに違いありません。しかし、関東には、親鸞を師と仰ぐ同朋がいたのです。親鸞は着実に念仏を教化していたのです。

親鸞が往生したのは、一二六二（弘長二）年一一月二八日です。そして、その二〇数年後に『歎異抄』が親鸞からじかに教化をうけた同朋によって書かれています。

4

一七〇年程前、マルクスは『ヘーゲル法哲学批判　序説』のなかに、後述する駒尺喜美が著した『雑民の魂』の思想である自由への「ポジティヴな可能性」を論じています。それはまた親鸞が学んだ吉水の思想ともいえます。「宗教」を学び始めたわたしの未熟さを痛切に教えられたテキストです。そこには次のように書かれています。

答えは以下のとおりである。ラディカルな鎖につながれた階級を作ることにある。つまり、市民社会の階級でありながら、市民社会の中の階級ではない階級を作ることにある。すなわち、いっさいの身分階層の解体となるような階層、普遍的な苦痛のゆえに普遍的性格を持つ階層、そしてわが身に受けたのはいかなる特殊な不正でもなく、不正そのものであるがゆえに、いかなる特殊な権利も請求できない階層、歴史的な資格に訴えることができず、もはや人間としての資格に訴える以外にない階層、ドイツの国家制度の帰結となんらかの一面で対立するのではなく、この国家制度のもろもろの前提と全面的に対立している階層、つまり、自分自身を解放するために、まずは社会の自分以外のいっさいの階層から自分を解放し、それによってそうしたいっさいの階層をも解放する以外にない階層、ひとことで言えば、人間の完全なる喪失であるがゆえに、人間の完全なる再獲得によってのみ自らを獲得しうるような階層を作ることである。こうした特別の身分として社会を解体するのは、プロレタリアートである。

(『マルクス・コレクション』Ⅰ　筑摩書房、二〇〇五年、一七七頁注、本文一部G体表記)

マルクスの一七〇年前の思想は間違っていません。親鸞とその同朋たちと同じです。それは、それ以前にも、それ以後にも、差し支えない思想であり現実を背景にしているからです。親鸞とその同朋も「ラディカルな鎖につながれた階級」であったのです。「ドイツ」にこだわることもありません。プロレタリアートとは、後述(一四五頁)しますが、駒尺喜実が提起した命題の一つである「政治というものの底なしの恐ろしさ」に直面している階層です。そして、その現実を糺せる思想と行動が「ラディカルな鎖につながれた階級」なのです。親鸞とその同朋が直面する現実の止揚が「ラディカルな鎖につながれた階級」の可能性であり、「正しい大人」の社会です。しかし、歴史上、プロレタリアートは永続的に実現しません。三池闘争(一九六〇年)は、日本のプロレタリアートの敗北を象徴し、格差社会と市場原理、資本に支配されるプロレタリアートは、敗北者の代名詞といってもいいぐらいです。現在日本の資本に封じられたデモクラシーと相似しているとしかいいえません。

それに反するのは、浄土真宗に還ることであるのですが、しかし、歴史の現実は、己自身を解放するはずのプロレタリアートの労働力を資本のための「消費」に代えただけです。レーニンも毛沢東も資本の欲望と強迫から解放されることはなかったのです。

３・11から一年三カ月後、原発を再稼働させる政治に、コラムニストは舌鋒鋭く論じます。曰く「ドジョウではなく、ただのウ。福井県の要求丸のみして再稼働会見。さあ、国会では野党案丸のみして消費税増／国民生活を守るためではなく電力経営を守るため。国民の意識との活断層が政権地震に走る。／撤退ではなく退避だと東電前社長。一〇人の人身御供を残し。国土と国民も原子の魔王に差し出すつもりだったのか」（朝日新聞2012/6/9）「既成事実づくりの再稼働。政財官とむらの既得権を守るため。既視感たっぷりの光景は、そう３・11以前のもの」（朝日2012/6/11）といった案配です。ドジョウは野田首相です。ドジョウに失礼な比喩です。では、政治とはなにでしょうか。どうあるべきでしょうか。『広辞苑』は、政治を二項目で説明します。その①は、「まつりごと」。②は「人間集団における秩序の形成と解体をめぐって、人が他者に対して、また他者と共に行う営み。権力・政策・支配・自治にかかわる現象。主として国家の統治作用を指すが、それ以外の社会集団および集団間にもこの概念は適用できる」と解説します。そして、わたしがこれまでに体験してきた国家の統治作用は、政治そのものではなく資本のための統治でした。原子力も資本にゆだねてきたに過ぎません。資本統治の代務を、日本の政治家は行っているのです。そして、戦争は、資本の餌食でもあります。「平和のための戦争」も同じことです。その資本は目に見えません。おそらく数字だけでしょう。放射能のようにです。しかし、原発と同じように人間のみならず大地を痛めつけます。生命を奪います。人間の欲望をあおり狂わせます。それが資本の本質です。日本は戦後、原子炉を競って製造し、そのエネルギーを一括して支配してきたのです。しかし、先にも引用しましたが、中曽根康弘らの戦後の政治家は、その手段を資本に転嫁していたのです。「核兵器を持たず、作らず、持ち込ませず」という非核三原則が国是であるからです。そして、その関連企業やまたその下部組織、さらにはもっと下部的な立場に立たされている原発労働者や彼らを顧客とする地域社会も転嫁された資本に操られているに過ぎません。日本国内だけではありません。欧米もアジアもアフリカも世界中に及んでいます。人々に覆い被さっているのです。ある人には、断崖として立ちふさがっています。自己の良心、自己の才能に気づいた人ほど深く直面するというほかない現実です。そこでは、「おとな」から「正しい大人」に、いかに跳躍できるかが問われているのです。これは後述しますが、親鸞は、その跳躍を「横超」と表現しているのです。

3・11以後の脱原発が何故政治の日程にならないのでしょうか。なにを恐れているのでしょうか。わたしは漠然とした不安に包まれます。そこでは、自己の良心、自己の才能を、どのように表明しようと、飲み込まれていく大津波があります。『世界史の構造』(岩波書店、二〇一〇年)を読み重ねれば、さらに大きな大津波を理解できるはずです。大津波は一回切りではありません。歴史的な事件も過去の物語ではありません。歴史に終焉などありません。いつまで続くかわたしには予測できません。資本が終焉することがないように大津波も終焉することはありません。柄谷行人は『世界史の構造』のなかでジョン・ロールズの「分配的正義」も、資本＝ネーション＝ステートを超えることができないと斥けます。何故なら「彼が、経済的な『格差』に反対して富の再分配を、アプリオリに道徳的な「正義」という観点から基礎づけようとしたからである」(三九七頁)と指摘します。ジョン・ロールズには後述する駒尺喜美の『雑民の魂』を超克する可能性がないのです。丸山真男も「アプリオリな道徳」を批判してきました。では、その可能性はどこにあるのでしょうか。柄谷行人は、それはカントが考えた「交換的正義」にあると論じています。少し長くなりますが、その論拠を読んでみます。

カントはイギリスの経験論的な道徳理論を批判した。それは、善は幸福にあり、且つまた、幸福は経済的な富に還元される、と考える功利主義と、道徳を同情のような「道徳感情」から考えたアダム・スミスのような考えの二つである。カントはその両方を批判し、道徳性を「自由」に見出そうとした。自由とは、自己原因的(自発的・自律的)であることである。利益、幸福、道徳感情のようなものは感性的であるから自然原因に規定されており、それにもとづくことでは「自由」はありえない。

さらに重要なのは、この自由は他人の自由を犠牲にするものではありえないということである。そこで、「他者を手段としてのみならず、同時に目的（自由な存在）として扱え」ということが、先験的な道徳法則（至上命令）として見出される。つまり、それは「自由の相互性」である。カントの倫理学はたんに主観的なものだと考えられてきた。しかし、「自由の相互性」が、現実に他者との経済的な関係の問題と切り離せないことを、カント自身が明瞭に意識していた。

一方、英米では、カントは主観的倫理学として斥けられ、彼が批判した功利主義が優勢になった。その場合、善は、経済的な効用＝利益とほぼ同じことになる。いいかえれば、倫理学は経済学と同じことになる。ロールズはそのような文化的土壌に、カント的倫理学を導入したようにみえる。しかし、そうではない。ロールズはむしろ功利主義にもとづいて、「善」を考え、分配による「平等」を考えている。そこでは、「自由の相互性」が考えられていない。いいかえれば、資本主義的な資本と賃労働の関係が不問に付されている。

（『世界史の構造』三九八〜三九九頁）

わたしは、この文書のなかの「カントはその両方を批判し、道徳性を「自由」に見いだそうとした」という「自由の相互性」と資本、そして賃労働の関係に注目します。それは、浄土真宗が「自由の相互性」に基づいているからです。それが次章で書く横超の特徴なのです。自由は、親鸞の命題でもあるのです。越後に流罪されたのは三五歳でしたが、それは先述したように共同体に内属しない「支配と保護」（柄谷行人『帝国の構造』青土社、二〇一四年「交換様式の導入」参照）を超えることでした。自由に生きることです。また、漱石も、自己の良心、自己の才能を自覚すればするほど、共同体から疎遠になる人を描いています。世間から遠のくのです。最後の作品になった『明暗』の津田とお延の若い夫妻のようにです。『吾輩は猫である』の苦沙弥先生も「背後のもの」とかかわらない「意地」で生きています。それはすべて自由のためです。「自由の相互性」を尊重していたからです。もっと昔なら鴨長明が著した『方丈記』もルサンチマンだけではなく、そのように読めるでしょう。

往相還相そして横超

1

親鸞は、浄土の働きについて、『教行信証』の「教巻」のはじめに次のように書いています。

謹按浄土真宗有二種廻向。一者往相、二者還相。就往相廻向有真実教・行・信・證。

これは学生時代のテキスト『真宗聖教全書』二「宗祖部」の文で、本文には返点と送り仮名がつけてあります。浄土真宗には、二種の廻向があり、「往相」と「還相」の働きがあると書かれているのです。そして、往相に向かって真実の教行信證があるというのです。いまわたしを真実に向かって働かせるのは、往相廻向への行道（リビング）です。そして日々いたらぬ自分を気づかせ励ましてくれるのは、還浄した人と大地からの還相廻向の利他主義です。

信樂峻麿は往相と還相について次のように講義しています。

私が念仏、信心において往生成仏していくということは、そのまま、一切の大衆にはたらきかけて、大衆とともに往生成仏していくということでなければならないことを意味しています。（中略）何のために浄土往生するのかということは、私が還相廻向の利他のはたらきをするために往生するのです。（中略）しかし、一切の衆生を利益する、すべての人々を成仏せしめるためには、この現世においては不可能であり、往生して成仏しなければならないのです。私が仏になってこそ、その還相廻向のはたらきに参加することによってこそ、私たちは本当に衆生摂化を行ずることができるのです。

（『教行証文類講義』第一巻、法蔵館、一九九九年、一八四～一八五頁、傍点筆者）

また星野元豊は次のように講じています。

如来の功徳を、これも衆生の為め、これも衆生の為めと、衆生にめぐらし向はしむるが廻向なり。また往相還相と云ふは、衆生の方にあることとなり。往相の往は、往生浄土のことで、娑婆に於いて信心をえて、浄土に往生して涅槃をさとる迄が往相なり。また還相の還は、還来穢国の義なり。浄土から穢土にたちかえり、あらゆる衆生を済度するなり。

(『講解教行信証』教行巻、法蔵館、一九九四年、四三頁)

往相と還相とは、浄土を基軸として、往生して仏になると同時に娑婆に還り、大乗仏教の自利利他の働きを実践することだと理解できます。「あらゆる衆生を済度」し、「一切の衆生を利益する」のです。具体的にはどういう働きなのか。どのような世界を創造するのかという問いは残ります。それに歴史上あったのかという問いもあります。それについてわたしは資本にまみれないリビングだと思惟してきました。そうでなければ往生できません。大地に根づいて生きるリビングです。自然に育まれているリビングです。そして、そこではじめて「自由な主体」にめざめるのです。廻向とは、めざめた人と関係をつくろうと行道することだと学びました。

信樂峻麿はまた次のように講義しています。

親鸞が明らかにした浄土真宗もまた、仏教として、凡夫が仏に成っていく行道を教えるものにほかなりません。すなわち、それは初転法輪、四諦八正道の教理の展開として、この人生と世界のありのままなる現実と、そのあるべき理想を説くことによって、その現実から理想への道、そのための行業の実践を説くわけです。そして親鸞によれば、そのありのままなる現実とは、煩悩具足の凡夫、火宅無常の世界であり、そのあるべき理想とは、真実なる阿弥陀仏は、大悲無倦にして、つねにこの現実のただ中に到来し、それを摂取しつつあるということであって、その行道とは、そのような現実と理想についての、正しい認識、信知を前提として、ひとえに称名念仏を相続しつつ、その念仏を基軸とする新しい人生生活、リビングを創造していくことにより、その信知を自己の人生において、主体化し、徹底化していき、そこに新たなる知見、究極的なめざめ体験を開くことであり、またそのことに即して、自らが次第に人格成長、人間成熟をとげていくことをいいます。

（『教行証文類講義』第二巻三八～三九頁）

リビングということばは、先述したように鈴木大拙の行道の英訳ですが、ここでいう行道とは、「自由な主体」となる体験を生きることです。他者に対する忍耐（理解といってもいい）ではなく、他者と自由な相互作用を生み出す体験であり生き方なのです。

親鸞は、『教行信証』の「序」に「真実の教　浄土真宗」という註を書き込んでいますが、わたしの時代社会は、「真実」ということばを「失う」「知らぬことにする」ことで生きているように思えてなりません。原発はいまも「真実」から目をそらすことによって「受け入れられている」と思うばかりです。「正しい大人」への行道を拒絶しているとしか思えません。だからこそ、わたしは自由な相互作用を生み出す往相と還相にひかれてきました。そしてもう一つ強く心に響くことばがあります。「横超」です。横超は、親鸞の到達した浄土教思想のリビングの実践であったのです。『岩波仏教辞典』には「横超・竪超」の項目として次のように書いてあります。

親鸞が浄土真宗の特質を表す教判（教相判釈）で用いた言葉で、〈横〉は他力、〈竪〉は自力を表す。また、〈超〉は頓速（すみやか）に迷いを離れることを意味する。親鸞は、「横超とは本願を憶念して自力の心を離る」（教行信証（化身土））と定義している。これに対して、竪超は自力修行によってただちに仏となる教えで、横超は浄土真宗の教え、竪超は華厳・天台・真言等をさすとした。「横超とは横は竪超・竪出に対す、超は迂に対し廻に対するの言なり。竪超とは大乗真実の教なり。…横超とは即ち願成就一実円満の真教、真宗これなり」（教行信証（信））。

しかし、これだけの説明でわたしは納得できません。これでは講釈に過ぎないからです。親鸞は次のように書いています。

また横についてまた二種あり。一つには横超、二つには横出なり。横出とは、正雑・定散、他力のなかの自力の菩提心なり。横超とは、これすなはち願力廻向の信楽、これを願作仏心といふ。願作仏心すなはちこれ横の大菩提心なり、これを横超の金剛心と名づくるなり。

（『真宗聖教全書』二「宗祖部」六九頁、原文漢文）

この一心は横超の信心なり。横はよこさまといふ、超はこえてといふ、よろづの法にすぐれて、すみやかにとく生死の大海をこえて無上覚にいたるゆへに超とまうすなり。これすなはち如来大悲の誓願力なるゆへなり。この信心は摂取のゆへに金剛心となる。（同六三二頁）

横超は、わたしのいま生きている社会における自由の相互性であり平等な連帯といっていいでしょう。しかもそこには、これまでの日本の支配史にある権威も権力もみごと批判相対化されているのです。

わたしには、この親鸞の横超ということばの理解が大きな課題でした。どうして「横に超える」のかということでした。そして、わたしはある時、横に超えるという発想が親鸞だからこそ得たと確信したのです。もし「竪」ならば親鸞の行道は、せいぜい貴族の嗜好に堕していたでしょう。何故なら天皇を頂点とするヒエラルヒーを超えたというに過ぎません。「れうし・あき人さまぐ〲のものは、みないし・かわら・つぶてのごとくなるわれらなり」という親鸞の同朋との自由の相互性を創造するには、彼らを「支配し保護（隷属）」するヒエラルヒーなどに立っておれません。親鸞のリビング、行道は、実に横に超える横超によって可能だったのです。後述しますが、漱石が親鸞を「インデペンデントの人」と評したのも横超した親鸞であったからです。

親鸞の思想は、天皇を権威とした時代社会の支配体制をまったく評価しません。ソクラテスがダイモンを信じたようにです。いかなる権威も支配体制も浄土真宗の行道の人である親鸞を縛ることはできないのです。ラジカルなリビングなのです。そうした思いにふけっているとき、「これもそうだ」というレポートを読みました。野間宏が編集同人であった一九八〇年前後の季刊誌『使者』の二号に掲載された渡辺勉の「〝組合野盗〟としての二十年」です。三池闘争の敗北から東京でラジカルに小企業の組合活動を実践していた渡辺勉の記録です。そのなかに次の一節があります。

「横に動こう!――横議・横結・横行!」というのがある。タテに動く野盗などというものはない。そんな上昇指向を持ちはじめたら野盗はダメになる。民衆の個人史をタテに編成することは不可能だ。ヨコに結びつける時、そこには人民の生き方、メシの食い方をふくめた新しい規範が誕生する。資本の編成原理と対極をなすもの――それが横のハナシ、横のムスビ、横にウゴクということだ。ヨコに結びつく時、人と人との関係は平等になる。人の心を打つことが可能になる。共感、共鳴、共有とは、ヨコに結びつくことを不可避的に孕むものである。東京南部を、縦横にではなく横横に動かすことを、私たちはモットーとしている。

(渡辺勉『使者』二、一九七九年、二五七頁)

このような「資本の編成原理と対極」をなす「横」のつながりとは、まさに親鸞の横超の思想と実践といえます。天皇を最高権威とする縦のヒエラルヒーに結ばれるのではない。そうではなく「れうし・あき人さまぐ〜のものは、みないし・かわら・つぶてのごとくなるわれらなり」という民衆とつながる。それこそが横超であったのです。親鸞は、そのつながりがもたらすことばとして「大慈大悲の自覚」とも説いています。

宗教思想は実践をともなう思想です。人々を救うことを実践しなくては宗教思想といえません。それはわたしの思想であり、また「大慈大悲の自覚」であったのです。そのための実践の要に「横」があるのです。親鸞の思想のすばらしいところです。西欧の世界でもそうです。スピノザの自然権にわたしが関心を寄せる所以です。

横超は、念仏者のリビングで実現します。そして、「正しい大人」の倫理になります。その倫理は、正法を聞思しつつ、宿縁を慶ぶいのちに生れるのです。デモクラシーの理念もそうです。竪では民衆の民意も従属者の声としか聞こえないでしょう。デモクラシーは横につながり作用するとき、その力を発揮するのです。「れうし・あき人さま〴〵のものは、みないし・かわら・つぶてのごとくなるわれらなり」だからこそ権威や権力を相対化できる「正しい大人」になり大慈大悲の倫理が生まれるのです。

2

野間宏は浄土を「作用であって働きであるもの」（『親鸞』岩波新書評伝選、一九九四年、七三頁）といいます。つまり浄土は実体ではなく、機能することです。それらの論を読みながら自然の作用について知人の農園でわたしは貴重な体験をしました。有機酵素農法（微生物農法）の実習に参加したのです。農薬に依存するのではなく、自然の土壌、大地に含まれている微生物を活性化して作物を育てる農法です。

土には一グラムのなかに一億からなる微生物による酵素が存在し、その酵素を活性化する無農薬農業が有機酵素農法です。それまで荒れたごつごつとした畑を有機酵素の働きで香ばしい大地にします。大地が生き返るのです。自然な大地の生命力が生まれるのです。そして、そのような大地を浄土と実感したのです。酵素の働きで、自然な大地のリビングがよみがえるのです。その農業の営みを往相であると実感したのです。そして、その大地の恵み、リビングによって収穫できる野菜や果物が還相の働きだったと思えたのです。有機酵素農法は健康にも役立ちます。その有機酵素農法は『沈黙の春』（日本語版は一九六四年）が知られるはるか前、一九四六年から知人の島本邦彦と彼の父によって開発されました。日本の大地のみならずラテライトの大地であるブラジルにまで同志をつのり行っていたのです。知人の有馬実成と島本邦彦の畑を訪ねた日の感激はいまも忘れることができません。野菜がいきいきと葉をひろげ大地に生きているのです。大空に向けて葉をこれでもかと広げ伸ばしているのです。大地からの養分と大気を吸い込んでいるのです。有馬実成は、日本の資本で伐採されてラテライトの赤土になって荒れたメコン河沿いの農村に有機酵素農法の基本である堆肥の作り方を伝えました。ブラジルと同じラテライトの赤土を豊かな大地によみがえらせたのです。

このような大地の恵みを、わたしは、浄土の作用と働きに重ねてみたのです。大地への畏敬は洋の東西を問わずに知られています。古代ギリシャの人たちも大地から豊かな感性をもたらされていいます。エリアーデの『大地・農耕・女性』に古代ギリシャ人の大地への畏敬の詩が引用されています。

万物を生み、万物を養い、しこうして万物より豊穣の種子をとり戻す。

（『大地・農耕・女性』未来社、一九六八年、八〇頁）

このように、大地は、さまざまな生物を育みます。それは己とは別の「自由意志を持つ主体」が働いているようにも思惟できるのです。つまり、浄土は、自然な大地によって育まれているのです。そうした働きが、人間におよび、そして、自然なる人間は、大地から育まれると確信したのです。

大地は、自然な自由意志をもった主体なのです。そのような大地を尊重する時、大地は確固たる存在となります。逆に資本のために手を加えられた大地は、自然を損ね、己の願望や市場の欲求の反映にしかなりません。

わたしたちと大地が結ばれるのは、浄土の「意志」であるのです。里山の脇に過ごしている時間は、大地の香りと色、そして、そこに育っている樹木から動物たちと実に多彩な生きものと現在するわたしを自覚します。狐の親子と出会うこともあります。巨木に名前をつける楽しみがあります。そうした自然との働きかけを親鸞も体験していたと思うばかりです。

このように思惟するならば、浄土は、現世に存在しなければ意味がありません。そして、そのためには、大地の存在がなければなりません。海も大地と同じです。3・11の大津波の被害にあわれた漁業者も海に育てられてきたのです。そして肝要なことは、自然な大地や海への畏敬の念にめざめることです。めざめるためには、意志する自由が不可避です。それは、資本から自由になることです。何故なら意志する自由は、資本のおぞましさを糺すからです。そして、浄土の実在を可能にするからです。わたしの理想とする地産地消もそのような大地から結実するのです。南無阿弥陀仏は、わたしの意志する自由への行道であり誓願です。

3

往相と還相は、いずれも浄土を基軸とします。しかしその浄土は、先述したように実体はありません。作用であって働きです。その浄土が往相を促し還相の働きをもたらすのです。その作用であり働きに、親鸞は浄土真宗によってめざめたのです。意志する自由として時代社会に埋もれることもなく、嫌悪することもなく、自己疎外することもなく、意志する自由を得たのです。それが親鸞の二種廻向です。それはまた「れうし・あき人さまゞゝのものは、みないし・かわら・

つぶてのごとくなるわれらなり」という支配される側から生れた「人間として」の歴史感覚を機縁として生れた鋭い歴史感覚であり、共同体の道徳（規範）を横超する実践者の名のりであり思想です。「文明の衝突」を回避する非文明の倫理です。倫理は、唯一、浄土からの作用として培われるのです。

日本人にとって、戦後七〇年という時間と空間は、戦争のない「平和な時代」であったようにいわれます。世界のいかなる国とも武力をもって直接に争うことのなかったという意味での平和な時代です。日本人は七〇年間、戦場に赴くことを国家から強制されることはありませんでした。しかし、そのような環境は、本来ならば特定の国民の生存だけに反映されてはならなかったもののはずです。何故なら、この自己保存を第一の目的に措定した環境を多くの日本人は、他に「関与せず」の姿勢で貫いてきたというよりも、「他」を己の自由と直接に結ばなくてもいい市場に活かしていればよかったからです。そして、日本人は、ひたすら市場を拡大し資本を殖やしてきたのです。この欲望と支配の構造は、かつての帝国主義日本の植民地支配の本質とどれほどの違いがあるといえるでしょうか。紛争が起きれば株価が上がったり下がったりします。日本人の資産家が戦争で儲けている事実もあります。ベトナム戦争の時、九州大学にF４ファントムが、ベトナム爆撃から日本の基地に帰還する時に墜落しました。日本はアメリカ軍の基地となって戦争に加担していたのです。そして、止むことのない市場経済の欲望に、世界の各地で傷つけられ搾取されている無数の人々がいまこうして書いている瞬間にも「作られ」ています。だからこそ、わたしは、人間が人間のみならず、自然との「自然な」歩みを始めることを念じずにはいられません。それは、他者とともに主体的に生きていく関係にめざめてともに歩んでいくことです。そのような歩みは、市場経済の原理からは生まれ得ません。往相と還相から始まるのです。浄土真宗にめざめ、現在の社会、現在の文明を相対化し、その可能性をひらくことです。わたしはその可能性として地産地消を心がけているのです。柄谷行人は「土地と人間の再生産とはいわば、『自然の生産』であり、自然による『贈与』である。」(『トランスクリティーク』四一五頁脚注)と論じていますが、わたしの地産地消も自然な「土地の再生産」であり自然の「贈与」であるのです。知人にもすすめています。わたしが砂漠の民であれば砂漠を大地として生きるでしょう。

わたしの思想する地産地消を具体化するのは大地です。古代ギリシャのポリスのなかで、唯一、無支配というイソノミアの思想で構成されていたイオニアを想うこともできます。イオニアは「自由なる」自治をもっていたのです。官僚も兵役もなかったというイオニアのようなポリスは他にありません。しかし、イオニアは長く続きませんでした。侵略されるのです。イオニアの思想の理想は、カントがその晩年に書いた『永遠平和のために』のなかに確実に学べます。それはわたしの理想(現実)でありデモクラシーの実践課題なのです。理想を現実としない現実は、ほんとうの現実ではありません。現実を「しかたないことだ」などということは、堕落以外のなにものでもないのです。

4

近代日本の宗教史は、資本を疑う思想の喪失史でもあります。近代以後、多くの宗教が「こころの問題」を説いてきましたが、それは同時に資本を疑うことのない自然への背理でもありました。そのこころの問題は、自由を喪失することだったからです。転倒しているのです。そのような転倒が、わたしのこころを支配しようとします。わたしは、わたし自身が、好むと好まないとにかかわらず市場で生活しているのであり、わたし自身が創造すべき自然をもって生活していく気概が生まれない生活を強迫的に強制されています。そして、そのような市場に異議を申し立てることは、市場の公共性に逆らうものとして排除されます。村八分を恐れて市場の忠実な下僕となっているのです。それは、政財官からわたしの働いてきた職場やいま住んでいる地域社会、さらに教育機関をも支配する暗黙の規範です。

スピノザは、人間に自然権があると論じ共同体に内属しませんでした。その結果、スピノザは、つねに異端でありました。それをよしとしたのです。Y・ヨベルの『スピノザ　異端の系譜』（一九九八年　人文書院）は、そのようなスピノザを論じていますが、異端と呼ばれた哲学者であるスピノザの自然権は、どこまでも自由であろうとしたスピノザの当為でもありました。『政治論』では、次のように論じられています。

自然権とは、万物がそれに従って生起するところの、自然の諸法則あるいは諸規則そのものである。すなわち、自然の力そのものである。

（『世界の大思想』九・スピノザ、河出書房、一九六六年、三二九頁）

人類に固有である自然権とは、人々が共同の権利をもっているため、自分たちの居住し耕作しうる領土をいっしょに防衛し、とりでを築き、あらゆる外力を撃退し、万人の共同の考えに従って生きうる場合のほかは、ほとんど問題となりえないのである、と。

（同三三四頁）

ここに引用した文書は、ちょっと意外な感じを与えそうですが、スピノザの自由の根底には、全社会の多数者が存在しています。スピノザがいう全社会とは、わたしには親鸞とその同朋のように思えてなりません。事実、『スピノザ　異端の系譜』のプロローグは「異端者にして破門されし者」という見出しで始まり、ユダヤ社会から「破門し、追放し、弾劾し、呪詛するものなり」という親鸞の被った流罪と同じように迫害を受けているのです。スピノザは、この時、二四歳でしたが、全社会の多数者を支配する側から排除されているのです。しかし、スピノザはそのような現実にめげていません。そしてスピノザの当為は、『スピノザ　異端の系譜』が論述しているように、そのままカントからマルクスへと引き継がれる系譜となる思想を思惟しつつ生きているのです。それはまた柄谷行人の『倫理21』に書かれたカントの「自由であれ」という当為でもあるのです。

スピノザの自然権がさらに「自分たちの居住し耕作しうる領土」とまで具体的な記述に踏み込んだのは、勇気のいることでした。それは彼がそのような発言をせざるをえない危機的な状況に生きていたからです。その自然権は「神の力」と表現されています。しかし、その神は、キリスト教の神でもなく、ユダヤの神でもありません。すでにスピノザは、ユダヤ教のシナゴーグ（教会）から排斥されています。それにもしそのような神のもとでは、「万人の共同の考えに従って生きうる」ことなどできません。でも思い出してください。親鸞が「れうし・あき人さまぐ〳〵のものは、みないし・かわら・つぶてのごとくなるわれらなり」と名のったことです。スピノザの思想をほんとうに支えていたのは、シナゴーグに所属する人々でもなくキリスト者でもなかったのです。彼が所属する「社会」は、「みないし・かわら・つぶてのごとくなるわれらなり」でなくては不可能です。そして、そのような仲間、親鸞と同朋との関係にスピノザの自然権も可能なのです。

さらにスピノザの自然権が親鸞の思想と比較して読めるのかどうかという思惟を続けます。スピノザの『神学・政治論』の「緒言」には、自然権について次のように書いています。


各人の自然権は各人の欲望と力とが及ぶところまで及ぶこと、又自然権に依れば何人も他人の意向に従って生活すべく義務づけられて居らず、むしろ各人は自己の自由の擁護者なのであることを余は示してゐる。

（『神学・政治論』上、岩波文庫、一九七三年、五四頁）

スピノザにとって、自然権は観念ではなくリビングであったのです。そして、そのために「自由の擁護者」という前提が不可避なのです。親鸞とその同朋も彼らの時代社会を支配する側から見れば、同等ではありえません。社会から自由でなかったのです。しかし、親鸞と同朋たちは、浄土真宗によって結ばれ、時代社会を支配する呪術的な社会そのものを止揚できなくとも、呪術的な支配からは自由であったのです。奴隷根性にも支配されませんでした。その結果、現実を次のように捉えることができたと思うのです。

自分の欲望に引きずられて自己に有益なことを見ることも行ふことも出来ない者こそ何より奴隷であり、自己の完全な同意を以て理性の導きのみの下に生活する者こそ自由な人間だからである。（同下一七六頁）

スピノザのいう自然権とは、「自由な人間」にのみ与えられる権利なのです。かくして、親鸞とその同朋を思惟することと『神学・政治論』第十六章「国家の諸基礎について、各人の自然権及び国民権について、また最高権力の権利について」の両者をまことに意味深く読めるのです。

5

人権は、デモクラシーによってその権利を保障されてきました。デモクラシーは委譲はするが、その条件は同等の立場にあるのです。また、政治家やそれにたむろする一部の特権者にあるのではありません。そして「各人は自己の自由の擁護者」なのです。スピノザは、そういう社会、共同体を定める実践であり思想を自然権として思惟しているのです。もとより、そうした自然権による共同体は、歴史上、存在することはむずかしいのですが、自然権が固有の権利として、「人間として」の原理として現在しうることを否定することはできません。獄中の三木清の親鸞探求は、まさに「人間として」の矜持でした。それは忘れたり無関心でいられないのです。時には己から時代を疎外する、逆に疎外されることがあるでしょう。しかし、それを恐れることはありません。疎外する社会は、逆にいえば、自然権を否定できないからです。自然権を畏れているのです。そうした自然権の思想を柄谷行人の『哲学の起源』には、イソノミアの思想として読めます。その最終章では、『ソクラテスの弁明・クリトン』を読み説いています。『ソクラテスの弁明・クリトン』は、ソクラテスの裁判を傍聴していたプラトンが書いたもので三十二章からなりますが、ソクラテスの「弁明」は実にみごとです。

ソクラテスは、ポリスの神であるアポロを信じず、ポリスの青年を惑わしているという罪状を被りますが、ソクラテスは、自分自身の信じる神、プラトンが書いた『ソクラテスの弁明・クリトン』では、ダイモンを信じていたのです。そして、自分は「私人」でもなく「公人」でもなく、「個人」と対話していたに過ぎないと書いています。それは、彼が自然権に立っていたともいえます。しかし、そのことが逆にポリスで選ばれた身分（権力）を冒涜したというのです。

親鸞も流罪を被り、大地のもとにリビングし、そして、身分も定まらない人たちを同朋として生きていますが、ソクラテスにも親鸞にもスピノザにも罪をかぶせたのはいいがかりでした。スピノザの自然権は、個々人の人格を人格として尊重するとともに、その人格は何人であろうとも侵害してはならないものであり、かつ侵害を許してはならない権利として、各人は、それぞれに自然権を保有する存在であると理解していいでしょう。そこでは自由と平等の権利が同時に同等にあるのです。

平等と自由は相容れないということをわたしはかつていってきましたが、それは、あいまいな世俗概念やそのもとに現存する平等や自由というコンテキストだからです。それでは権威や神話を徹底的に排除できません。いついかなる場合も、またいかなるところでも存在できる、存在しうる、その権利者であること、それへの可能性が自然権なのです。そこに自由と平等が同時に可能になるのです。

スピノザは『政治論』で、「かくて私は結論する。人類に固有である自然権とは、人々が共同の権利をもっている……」と書き終わります。そこでの「自分たちの居住し耕作しうる領土をいっしょに防衛し、とりでを築き、あらゆる外力を撃退し」という文節だけにとらわれると倒錯してしまう人もあるでしょうが、このようにある現在を生きるのが自然権なのです。そして、スピノザに読める自然権を生きた人をわたしは親鸞に思うことができたのです。

二〇一三年一月には、アルジェリアで日本の建設会社やその管理をしているガスプラント会社にイスラム原理主義のテロリストとよばれる武装集団が襲撃しました。日本人ほか欧米人などを人質に立てこもり、その後、アルジェリア軍の反撃で人質とともに多くの犠牲者がでました。日本人も一〇人が死にました。日本では人質事件の犠牲者を悼む声がやみません。彼らは、戦争に行ったのでも、植民地支配者でもありません。しかし、一ついえます。家族と離れて海を渡り、経済発展に貢献してきた彼らは、実は、日本を含む先進諸国のエネルギーの獲得、つまり資本のために働き、一方、アルジェリアをはじめ隣国のマリ、ニジェールなどにもともと住んでいた多くの人びとがその地を追われ、その国の一部の権力者であり富裕層をのぞけばなんら彼らに恩恵が行き渡ることがなかったのです。砂漠や原野でガスをつかうこともない生活をしている民が追い出されていることが多いのです。資本は好き放題に資源を搾取しているのです。ニジェールはフランスの原発のウラン主要産出国でもあるのです。でもその実体は、まるで欧米諸国、そして日本の資本の植民地のごとくです。それは、資本によって奪われてきた彼らの自然、その自然への侵略者である資本へのテロリズムでした。こうしたテロリズムは、彼らの自然権を奪う資本の存在をつよくわたしに教えます。「外力を撃退し、万人の共同の考えに従って生き」ることのできたその地の人たちを資本は容赦なく追い出してきたのです。テロリストを批判するならまず資本を深く批判してもいいのではないでしょうか。スピノザのいう自然権をそのように展開してはいけないでしょうか。もとより、これはテロリズムを容認するのではありません。しかし、テロリズムを現在させている事実の深層に、彼らの自然権への侵略があることを否定することはできないと思います。

このようなひどい現実が同じ信仰で結ばれている人たちや民族をテロリストに育てていることは否定できないでしょう。そうした現実の格差は、経済だけではありません。精神的なインフラというべき教育をはじめ、あらゆる分野で広がっているのです。一九七九年に小田実が『使者』三号にレポートしている「アラブ世界」の現実にも通じているといえます。また、テレビで聞いたのですが、日本人評論家のひとりは、「貧困なくさずしてテロはなくせない」といっていましたが、わたしもそのように思います。もとよりそのためには、「貧困とはなにか」という問題から認識を改めてみなければなりません。現在の日本人の「貧困観」では通じないでしょう。

一九九〇年にタイの国境近くに逃れたカンボジアやラオスからの難民キャンプとメコン河沿いのタイの村を二週間の日程で訪れたことがあります。そこで出会った人たちのことをいまも忘れることができません。すこし長くなりますが、その時のレポート「仏教国タイで思ったこと」(『大法輪』一九九〇年六月号、七月号)の最後に、わたしは次のように書いています。

九十年代、さらに二十一世紀に向けての私達、日本の仏教徒の生活のあり方を自問してみるとき、タイの路上で出会った托鉢の僧と民衆の生活から学んでみたいと思う。路上の托鉢僧の姿は、近代を過ごして人間の価値観に大きな示唆を与えているように感じられたからである。そして科学技術と事故、飽食と浪費に溺れている日本の仏教徒を囲む現状を深く哀しみたいと思ったことである。（中略）結論は、東南アジアの資源ばかりか、文化までを収奪してきた我々の文化を反省したいと思うとともに、それが私の中に欠落していたアジアへの自覚であるように感じるのである。そして何よりも地球化のこの時代にあって、大国のエゴイズムな価値観を押しつける、その傲慢な姿を批判の目で見ることをアジアの現実は教えてくれたように思う。この地球の資源を独占してきた先進国の罪業は限りなく重い。そして日本の仏教徒も、その先進国の一員として、ともに罪業を担っているのである。

「学んでみたいと思う」だけであったその後を思うばかりですが、アジアの現実は中東やアフリカの現実でもあります。その罪業はさらに深くなっているといえるでしょう。「イスラム国」はその現実への反撃でしょう。高橋和巳の『邪宗門』が脳裏をかすめます。そしてそのような現実を直視すれば、ほどほどをはるかに通り越した資本に倫理や道徳はまったく期待できません。「正しい大人」は、その時、貧困をどのように認識するのでしょうか。わたしは三歳の時に敗戦を迎えました。邪悪な資本から解放された年です。しかし、その後の日本には、その日その日の食も摂れない人たちがたくさんいました。五木寛之は大人と混じり合って朝鮮半島を夜盗のように南下し帰国しようとしていました。そのような時代がわたしの幼年期です。興安丸という名前であったと思います。海外からの帰国船です。ラジオが舞鶴港に接岸する興安丸を実況中継していました。旧植民地や満州国からの帰国者の縁者を探す「尋ね人の時間」もありました。それは幼心にも切ない呼びかけに聞こえました。敗戦前後、家には大阪からだと思いますが、空襲で焼き出された家族が一緒に住んでいました。といっても彼らに父親はいません。母と娘と息子の三人でした。従弟にあたるこどももいました。父は戦死したかまだ帰国できなかったのです。その時代、一度は資本は壊滅したごとくでした。しかし、資本は先に引用した『世界史の構造』も書いているように、またまた戦争によって再建したのです。戦争は国民国家の公共事業なのです。

映画『ひろしま』が制作されたのはそのような時代でした。朝鮮戦争の三年後（一九五三）です。そのなかに学童疎開で被爆を免れましたが、親も家もなくした兄妹がいます。妹は父親のあまりにひどい被爆の姿をみて「おとうさんとちがう」と避難所をとびだし行方不明になります。兄はアルバイトしながら学校に通っていますが、アルバイト先の工場でアメリカ軍の大砲の弾丸を作っていることにショックを受け工場で働くことをやめてしまいます。その日本は朝鮮戦争の「現実」から再軍備に向かうのです。それはアメリカ（GHQ）の命令でもあったのです。

丸山真男の敗戦直後のレポート「現代日本政治の精神状況」（『現代政治の思想と行動』上下、未来社、一九五六年）を読んで、日本がどうして再軍備したのかというその疑問が解けたことも思い出します。再軍備を政府や官僚は世界の「現実」に即していると喧伝していたのです。そして平和国家を標榜していた知識人の多くが「それが世界の現実だ」と手のひらをひるがえして再軍備を黙認したのです。丸山真男は再軍備を批判し続けます。そして知識人のみならず日本人の「現実」を次のように批判していました。

私達の言論界に横行している「現実」観も、一寸吟味して見ればこのようにきわめて特殊の意味と色彩をもつたものであることが分かります。こうした現実感の構造が無批判的に維持されている限り、それは過去においてと同じく将来においても私達国民の自発的な思考と行動の前に立ちふさがり、それを押しつぶす契機としてしか作用しないでしよう。そうしてあのアンデルセンの童話の少女のように「現実」という赤い靴をはかされた国民は自分で自分を制御出来ないままに死への舞踏を続けるほかなくなります。私達は観念論という非難にたじろがず、なによりもこうした特殊の「現実」観に真向から挑戦しようではありませんか。そうして既成事実へのこれ以上の屈服を拒絶しようではありませんか。そうした「拒絶」がたとえ一つ一つはどんなにささやかでも、それだけ私達の選択する現実をヨリ推進し、ヨリ有力にするのです。これを信じない者は人間の歴史を信じない者です。

（同上、「現実」主義の陥穽・一七九頁）

再軍備は「おとな」の現実であったのです。民衆は、そのデマゴギーに踊らされたのです。そうした現実を生み出すのは、一九五〇年、朝鮮戦争が勃発した年からです。そしてその直後には警察予備隊が生まれます。いまの自衛隊です。『憲法』に背理した現実です。世界の良心に背理した現実がわずか憲法制定から数年で生まれてきたのです。「それだけ私達の選択する現実をヨリ推進し、ヨリ有力にするのです。これを信じない者は人間の歴史を信じない者です」ということばは、いまもわたしの思惟を励ましてくれています。

漱石と親鸞

1

近代までは、本願寺が流布する親鸞が主流でしたが、近代以後になると、親鸞を評価する知識人が多く輩出しました。『現代語訳　しんらん』という十巻本が一九五五年に発刊されています。そのなかに明治から一九五五年までの親鸞に関係する著作や論文が三〇頁二段組みで紹介されていますが、その数の多さに驚かされます。三木清の著作も載っています。漱石には親鸞についての著作はありませんが、講演はしています。漱石の話を聞いてみましょう。

——古臭い例を引く様でありますが、坊さんと云ふものは肉食妻帯をしない主義であります。夫を眞宗の方では、ずつと昔から肉を食つた、女房を持つて居る。是はまあ思想上の大革命でせう。親鸞上人に初めから非常な思想が有り、非常な力が有り、非常な強い根抵の有る思想を持たなければ、あれ程の大改革は出來ない。言葉を換へていへば親鸞は非常なインデペンデントの人と云はなければならぬ。あれだけのことをするには初めからチヤンとした、シツカリした根抵がある。さうして自分の執るべき道はさうでなければならぬ、外の坊主と歩調を共にしたいけれども、如何せん濁り身の僕は唯女房を持ちたい肉食をしたいと云ふ、そんな意味ではない。其時分に、今でもさうだけれども、思ひ切つて妻帯し肉食をすると云ふことを公言するのみならず、断行して御覧なさい。何の位迫害を受けるか分らない。尤も迫害などを恐れるやうではそんな事は出來ないでせう。そんな小さい事を心配するやうでは、こんな事は仕切れないでせう。其所に其人の自信なり、確乎たる精神なりがある。其人を支配する権威があつて初めてあゝ云ふことが出來るのである。だから親鸞上人は、一方ぢや人間全體の代表者かも知らんが、一方では著しき自己の代表者である。（中略）

然し斯く云う風にインデペンデントの人と云うものは、恕《ゆう》すべく或時は貴むべきものであるかも知れないけれども、其代りインデペンデントの精神と云ふものは非常に強烈でなければならぬ。のみならず其強烈な上に持って来て、其背後には大変深い背景を背負った思想なり感情なりがなければならぬ。如何となれば、若し薄弱なる背景がある丈ならば、徒にインデペンデントを悪用して、唯世の中に弊害を與へるだけで、成功も迚《とて》も出来ないからである。

（『漱石全集』第一六巻「模倣と独立」、一九六七年、四一七～四二一頁）

「模倣と独立」という演題も興味ありますが、漱石は、親鸞を、自らの生き方に照らして話しているとと思えます。何故なら、漱石が自己本位の確立者であり連帯者だったからではないでしょうか。「インデペンデントの人」は、自己勝手でありません。自己中心でもありません。それは、どこまでも世界に向き合い連帯しながら、そのなかで自己本位を確立することにポジティヴに努力した人への賛辞といえます。しかし、漱石の小説にもまた漱石の「日記」にもこれ以上に親鸞について関心を深めている様子はありません。むしろ逆に漱石は、『草枕』に次のように書いています。

うつくしい人が、うつくしき眠りに就いて、その眠りから、さめる暇なく、幻覚の儘で、此世の呼吸《いき》を引き取るときに、枕元に病を護るわれ等の心は嘸《さぞ》つらいだろう。四苦八苦を百苦に重ねて死ぬならば、生甲斐のない本人は固より、傍に見て居る親しい人も殺すが慈悲と諦められるかも知れない。然しすや〳〵と寝入る児に死ぬべき何の科《とが》があろう。眠りながら冥府《よみ》に連れて行かれるのは、死ぬ覚悟をせぬうちに、だまし打ちに惜しき一命を果すと同様である。どうせ殺すものなら、とても逃れぬ定業と得心もさせ、断念もして、念仏を唱へたい。死ぬべき条件が具はらぬ先に、死ぬる事実のみが、有り〳〵と、確かめたるゝときに、南無阿弥陀仏と回向をする声が出る位なら、其声でおうい〳〵と、半ばあの世へ足を踏み込んだものを、無理にも呼び返したくなる。仮の眠りから、いつの間とも心付かぬうちに、永い眠りに移る本人には、呼び返される方が、切れかゝつた煩悩の綱に無暗に引かるゝ様で苦しいかも知れぬ。慈悲だから、呼んで呉れるな、穏かに寝かして呉れと思ふかも知れぬ。それでも、われ〳〵は呼び返したくなる。

（『漱石全集』第二巻、四六三頁、本文ルビ付）

漱石は、その後、次のような体験をします。五女ひな子が幼くして死ぬのです。『草枕』を書いてから五年後です。葬儀は夏目家累代菩提寺であった小石川の浄土真宗本願寺派本法寺で執り行っています。一九一一（明治四四）年一一月二九日から一二月五日までの「日記」（『漱石全集』第一三巻六六八〜六七六頁）にその様子が読めます。日記には、「兄が本法寺へ懸合つて百ヶ日迄仕切つて二十五円位にする談判を引受けてくれる」と書いています。

一二月三日の日記には次のように書いています。

○昨日は葬式今〔日〕は骨上げ、明後日は納骨明日はもしするとすれば待夜である。多忙である。然し凡ての努力をした後で考へると凡ての努力が無益の努力である。死を生に変化させる努力でなければ凡てが無益である。こんな遺恨な事はない。
○自分の胃にひゞが入つた。自分の精神にもひゞが入つた様な気がする。如何となれば回復しがたき哀愁が思い出す度に起るからである。

しかし、この間、漱石は菩提寺の僧侶に一向に関心を寄せていません。僧侶（住職）との会話は、

○終わって座敷で休息中主僧が出て挨拶をする。あなたが金之助さんと仰しゃるのですかといふ。初めましてといふ。（私は夏目家のものですが分家を致しましたので、今度始めて御厄介になります。）

○是で一段落した。

という条だけです。

2

浄土真宗・親鸞の存在が近代になってひろく知られるようになったのは、清沢満之や近角常観の功績といっても過言ではないでしょう。清沢満之は、真宗大谷派の僧で名古屋の人でした。真宗大学学監を勤め、教団の革新運動を起こしましたが、挫折。その後、東京にて「浩々洞」と名づけた私塾を開き、精神主義を唱えて雑誌『精神界』を発刊しています。清沢満之の門下であった滋賀県長浜市（現在）の真宗大谷派寺院に生れた近角常観は『求道』を発刊していました。日本近代に『歎異抄』の存在をひろく知らしめたのは彼らです。漱石も知っていたことでしょう。

しかし、漱石自身は『草枕』やひな子の死をもってしても、僧侶の「いま」をあまり評価しなかったといえます。漱石の座右の銘として知られる「則天去私」も自利利他を見極めた思想ですが、駒尺喜美は、次のように評価しています。

則天去私とは現実を放棄する諦観の姿勢としてあるのではなく、主観をいったん去って対象の自然（法則・必然）の中に入り込むことによって、もっとも深い認識を獲得し、それによって自己の意志達成の道を見いだそうとすることにほかならなかったのである。

（『漱石　その自己本位と連帯と』八木書店、一九七〇年、一七六頁）

漱石は直に接した浄土真宗寺院の僧侶から浄土真宗を感得することがなかったに違いありません。また、『歎異抄』が親鸞自身の著作でないこと。そこに「模倣」を感じたのではないでしょうか。すこしひねくれていえば、『歎異抄』の著者といわれる唯円は、親鸞の模倣者です。しかし、わたしは、模倣者としても真摯な模倣者だったと思います。それは、『歎異抄』の「序」に窺えます。唯円は、次のようにはっきりと自分の目的を書いているからです。

ひそかに愚案を廻らしてほぼ古今を勘ふるに、先師（親鸞）の口伝の真信に異なることを歎き、後学相続の疑惑あることを思ふに、幸ひに有縁の知識によらずば、いかでか易行の一門に入ることを得んや。まったく自見の覚悟をもて他力の宗旨を乱ることなかれ。よて故親鸞聖人の御物語の趣、耳の底に留むるところ、いささかこれをしるす。ひとへに同心行者の不審を散ぜんがためなりと云云。

（『真宗聖教全書』二「宗祖部」七七三頁、原漢文）

この唯円のことばを、漱石にしてなんと読んだでしょうか。ちなみに漱石は模倣（イミテーション）について次のように語っています。

此イミテーションとインデペンデントですが、片方はユニテー――人の真似をしたり、法則に囚われたりする人である。片方は自由、独立の経路を通つて行く。（中略）私はイミテーションを非難して居るものではないけれども、人間の持って生まれた高尚な良いものを、若し夫れだけ取り去ったならば、心の発展は出来ない。心の発展は其インデペンデントという向上心なり、自由と云う感情から来る（以下略）

（『漱石全集』第十六巻　四二三頁）

漱石は模倣をすべて排斥しているわけではありません。表裏の関係を避けえない人間社会にはつねに存在しているともいいます。ただし真にインデペンデントな人とその模倣とはやはり違います。インデペンデントの人のことばを記憶していた唯円のことばにわたしは模倣を感じません。浄土真宗が模倣になっては、それは丸山真男が批判した天皇制にまつろうことの意識を気付くことなく築いている「おとな」の法則に類似したことにしかならないからです。しかし、本願寺の歴史は、厳しく見ていいです。学生のときに大学の伝道部の学生の法話を「伝道節」と揶揄したことがあります。批判以上の気持ちでありました。わたしには、模倣の声としか聞こえてこなかったからです。

漱石は、他者と社会を批判的に語れる人です。同時に、悲しんだり怒ったりしながらともに生きる人でした。見て見ぬふりをする人では決してありません。公共する独立者、それが漱石の自己本位の確立であり連帯です。漱石は、そういう人格を親鸞に思ったのでしょう。『漱石全集』の第一七巻に漱石の蔵書一覧がありますが、そのなかに近代になって親鸞の教えを生きようとした清沢満之の本もあります。清沢満之は、読書人ならかならず読む『歎異抄』を本願寺や浄土真宗の「聖典」から「古典」として世にひろめた人です。清沢満之も「非常なインデペンデントの人」といえます。清沢満之のことばを編集した『我が信念』（大谷大学刊・二〇〇一年）に次のことばが読めます。

……、精神主義は、吾人の世に処するの実行主義にして、その第一義は、充分なる満足の精神内に求めうべきことを信ずるにあり。しかしてその発動するところは、外物他人に追従して苦悶せざるにあり。交際協和して人生の幸楽を増進するにあり、完全なる自由と絶対的服従とを双運してもって此の間における一切の苦寒を払掃するに在り。（同五頁）

「双運」とは、「完全なる自由」と「絶対的服従」に同時にめぐりあうということでしょうか。

先の漱石の講話と重ねると興味深く味わえます。しかし、『我が信念』には、あきらかに思想の限界があります。同書の「宗教的信念の必須条件」の結論（同二五頁）はいただけません。資本を疑うことがないからです。ちなみに、漱石の親鸞への関心もこれ以上にすすむことも深まることもありませんでした。また、柄谷行人は、清沢満之らを次のように評論しています。

つまり、彼らは旧来の仏教を離れて、一度西欧を通した仏教に出会ったのである。

（定本『柄谷行人集』「仏教とファッシズム」岩波書店、二〇〇四年、二二七頁）

3

先述したように、漱石の五女ひな子の葬式は、浄土真宗のお寺で行われました。漱石が四四歳の時です。その始終が漱石の「日記」に読めましたが、不思議なおくりかた（葬礼）が行われていました。また、芥川竜之介が書いた漱石の葬式の様子にも肉親をはじめ会葬者がそれぞれ「南無阿弥陀仏」と書いた紙片を棺に入れていました。京都で育ち京都で学んだわたしは、そのような葬礼を知りませんでした。その一方で、漱石の葬礼の導師を勤めたのは禅宗の人です。漱石の禅体験は『門』に読めます。主人公の宗助です。宗助は一〇日間、参禅しますが「門の下に立ち竦んで、日の暮れるのを待つべき不幸な人であった」と書き終わっています。『門』は、漱石四四歳の一月の作品です。宗助が参禅に行ったのは鎌倉の円覚寺でしょうか。漱石の葬礼の導師からそのように考えられます。しかし、漱石は、「門にたたずむ」だけで、禅仏教にそれ以上深く入ることはありません。ひな子が死んだのは、その年の一一月二九日です。

『門』の夫妻は宗助と御米です。漱石の絶筆となった『明暗』の夫妻は津田とお延ですが、夫妻や人間、社会との葛藤を描く漱石に、親鸞は書きにくかったかもしれません。親鸞が日々どのような生活をしていたかは、いまもってくわしくわからないのです。親鸞が、妻とどのような生活をしていたのかもわかりません。漱石は一九一六（大正五）年一二月九日に亡くなりますが、一九二一年、西本願寺の蔵から『恵信尼文書』が発見されます。親鸞と妻の恵信との関係や生活が、恵信の手紙からすこし明らかになります。薄明かりですが、そこにはたしかに浄土真宗のいまを生きている親鸞と恵信夫妻がいます。

漱石の最後の作品である『明暗』は、津田とお延という若い夫妻の葛藤を描いています。二人を葛藤させるのは、はた迷惑な「世間」です。世間とは、当事者以外の者が当事者の情を攪乱する存在です。世間から無縁な夫妻や人間は存在しません。まして信念などで結ばれている夫妻でも世間は遠慮なく影響力を発揮します。しかし、『恵信尼文書』に読める親鸞と恵信は、世間の情を超えているまれな夫妻のように読めます。何故でしょうか。一つは、親鸞が妻について語らなかったからかもしれません。親鸞と生活をともにしていた恵信を気にしていなかったと思えません。しかし、親鸞の恵信への情は、書き残されていないのです。門弟への手紙は残っています。

しかし、親鸞は、鴨長明のように生涯を独身で過ごした人ではありません。こどもは五人いたはずです。であるにもかかわらず、こどもにかんしても義絶したひとりの子をのぞいて、親鸞がくわしく書き残している文書をわたしは知りません。

親鸞が生きていた時代には、日記を書いている宮廷人や僧侶が多くいます。日記は、世間を書いているといっていいでしょう。だからはなはだなまめかしい日記も多いし、宮廷の人事を批判する日記もあります。いつの時代も他人のスキャンダルはおもしろく、責任なく語れます。しかし、己のことになるとそうはいきません。わたしもその当事者です。日記には、不満や矛盾がいたるところに書かれています。身近な人間に対してはいっそうそうです。そういう時、己に腹が立ちます。漱石の最後の小説『明暗』は、そんないらいらした気持ちを書いたとしか思えません。読んでいる方もいらいらします。知性者である津田に腹が立ってきます。お延はいいがかりをつけられているばかりです。それとも津田と世帯をかまえたことがいけなかったといえば、もう恨むのは己限りになります。しかし、どう考えても津田が第一原因です。そのころの漱石は、正しく狂っていたのです。「正しい大人」にです。世間を超越した「非常なインデペンデント」が漱石自身を襲っていたのです。

漱石の絶筆となった『明暗』には、後述する駒尺喜美が設定した命題を彷彿とさせる叙述がたくさんあります。『明暗』の主人公である津田は、どこかの大企業に勤めている人物です。結婚して半年ほどです。サラリーだけでは夫妻の生活がやっていけないので、毎月父親から何程かの援助を受けています。その津田の叔父は文筆で生計を立てているのですが、その叔父は、どこか頑固なのです。そんな叔父について、津田は次のように思うのです。

金力権力本位の社会に出て、他《ひと》から馬鹿にされるのを恐れる彼の一面は、其金力権力のために、自己の本領を一分でも冒されては大変だという警戒の念が絶えず何処かに働いてゐるらしく見えた。

(『漱石全集』第七巻、七三頁)

この叔父は、漱石のようです。漱石は、政治、つまり国家の存在それ自体が「正しい大人」を大いに息苦しくさせていると考えています。学習院といえばおぼっちゃん・おじょうちゃん大学でした。皇族や貴族の子弟が多く学びました。漱石の生活信条とは、どこまでも遠い存在です。しかし、おもしろいことに、漱石はそこでの講演を頼まれ、先々に伸ばしながらも行っているのです。その時の講演が「私の個人主義」ですが、そのなかでも『明暗』の叔父の思いを遠慮なく話しています。講演全体を読んでみるのがいいのですが、その中からすこし長くなりますが、叔父の叔父たる所以、つまり、漱石の漱石たる所以を引用します。

学習院という学校は社会的地位の好い人が這入る学校のように世間から見傚されて居ります。さうして夫が恐らく事実なのでせう。もし私の推察通り大した貧民は此所へ来ないで、寧ろ上流社会の子弟ばかりが集まつてゐるとすれば、向後貴方がたに附属してくるもの、うちで第一番に挙げなければならないのは権力であります。換言すると、あなた方が世間へ出れば、貧民の世の中に立つた時より余計権力が使へるという事なのです。（中略）

つまりあなた方の幸福の為め安心の為めには相違ありませんが、何故それが幸福と安心とをもたらすかといふと、貴方方の有つて生れた個性がそこに打つかって始めて腰がすわるからでせう。さうして其所に尻を落付けて漸々前の方へ進んで行くと其個性が益発展して行くからでせう。あゝ此所におれの安住の地位があつたと、あなた方の仕事とあなたがたの個性が、しつくり合つた時に、始めて云ひ得るのでせう。

是と同じやうな意味で、今申し上げた権力といふものを吟味して見ると、権力とは先刻《さっき》御話した自分の個性を他人の頭の上に無理矢理に圧し付ける道具なのです。道具だと断然云ひ切つてわるければ、そんな道具に使ひ得る利器なのです。

権力に次ぐものは金力です。是も貴方がたは貧民よりも余計に所有して居られるに相違ない。此金力を同じくさうした意味から眺めると、是は個性を拡張するために、他人の上に誘惑の道具として使用し得る至極重宝なものになるのです。

して見ると権力と金力とは自分の個性を貧乏人より余計に、他人の上に押し被せるとか、又は他人を其方面に誘《おび》き寄せるとかいう点に於て、大変便宜な道具だと云はなければなりません。斯ういう力があるから、偉いやうでゐて、其実非情に危険なのです。先刻申した個性はおもに学問とか文芸とか趣味とかに就いて自己の落ち付くべき所迄行つて始めて発展するやうに御話し致したのですが、実をいふと其応用は甚だ広いもので、単に学芸丈にはとゞまらないのです。

（『漱石全集』岩波書店、第十一巻、四四九〜四五〇頁）

ここでは引用しきれない漱石の講演を読んでみると、甚だ辛辣であることに苦笑を禁じえません。それは多情の老婆心からというようなものではない。わたしの世代の人ならおよそ理解できる内容です。そういう「個性」が長く日本を支配してきたことも肌身をもって体験してきました。現に安倍内閣などそれの末裔、子孫であります。だからといって、わたしはそんな国政に冷淡になればそれでよいというつもりではないのです。現実にはかなり絶望的だが「正しい大人」も健在であるからです。しかし、いかんせん、そうした「正しい大人」の意見や思想がなかなか人々に伝わりきれないのです。それが世相の現実です。「正しい大人」の思想では家も車も買えないということです。結果、そのまま国家権力の掌のなかに己を委ねることになり、ますます息苦しいというか、わたしは癇癪を起こすしかなくなるのです。そして、その状態が高じ、わたしは四六時中、耳鳴りや冷え、リウマチに似た症状に悩まされています。

4

漱石が学習院で講演した内容が日本に顕在化するのは、明治維新後の時代です。江戸幕藩体制の社会では、身分はほぼ固定化しています。しかし、日本の近代化は違ってきます。あらたな階級制が資本のもとに形成してきます。そして、そこではより大きなむら社会が生まれ政治を支配します。教育機関にも生まれます。学閥ということばも生まれたのです。そして、人間としての責任や責務は、むらにすべて収れんされます。従って個人に「しっかりせよ」と糺しても、通じないシステムが生まれます。そのシステムの倫理と道徳の違いについて、柄谷行人は次のように書いています。

私は世間や共同体の道徳を「道徳」、世界市民的な道徳を「倫理」と呼ぶことにしました。

（『倫理21』九五頁）

そして、その具体的な実例として「水俣病」の問題について次のように書いています。

水俣病はチッソという会社が海に垂れ流した有機水銀によって生じたものですが、早くからそのことに気づいていた技術者がいました。彼は会社にそれを報告しましたが、受け入れられなかった。また、のちに被害が出てから、それが工場の廃水によるということに気づいた技術者もいました。しかし、彼らは結局、会社のためにそのことを秘密にしたのです。テレビ番組のインタビューによると、三十数年後に、或る者は「自分は正しかった」と居直り、また或る者は深い罪悪感を抱いています。

（『倫理21』九三頁）

ここに明示された問題は道徳と倫理の差異をいっています。会社という共同体に内属するためにある規範が、ここでは道徳です。そしてその共同体の規範に反しても不正を認識できるのは倫理です。『雑民の魂』の命題です。カントは、倫理をコスモポリタンの当為であるといいます。世界市民としての品性です。反して道徳は、これはどこにも見られるでしょう。学校のクラブ活動なども狭いキマリをもって価値観を共有しあいます。つまり丸山真男の指摘している「おとな」の社会と同じです。そこでの価値観からはずれると排除されたり差別されたりします。狭い共同体の特色です。つまり道徳は、むらの恣意や示威として作用するのです。そこには、ほんとうの自由も平等も、そしてスピノザの提起する自然権も育ちません。では、「みないし・かわら・つぶてのごとく」に生きているわたしに、自己本位の確立と連帯、スピノザの自然権に連なる連帯は、不可能なのでしょうか。わたしは、不可能だとは考えません。また実際に連帯した体験がなんどもあります。しかし、その結果、わたし自身の行動が極めて限られることを覚悟しなければなりません。何故なら、狭い共同体がつねに恣意や示威とともに資本を背景にして襲ってくるからです。そのあげくに「あいつは変わりものだ」ということで中傷されたり排除されたり差別されるのです。従って、そういうむらの道徳を超克するためには、もはや世間、社会に批判的であるしかないのです。

大地とめざめ

1

ヒロシマ・ナガサキを体験してきた日本人が、原発の建設に絶対的な異議を形成できなかったのは、「日本文化の根底」を形成してきた自然権なき自然状態に無自覚であり、自然権なき自然状態を問うことのない治政のもとにあったからです。アジア太平洋一五年戦争の敗北から占領の時代、そして朝鮮半島での南北戦争からの産業発展は、今日の日本の政治、教育、家族構成、すべての分野にわたって自然権なき自然状態を見失ってきたのです。デモクラシーとともにです。丸山真男が慨嘆した日本の「現実」です。

いな、そういえば戦後の民主化自体が「敗戦の現実」の上にのみ止むなく肯定されたにすぎません。戦後まもなく「ニューズウィーク」に、日本人にとっては民主主義とは、“It can't be helped”democracy だという皮肉な記事が載っていたことを覚えています。「仕方なしデモクラシー」なればこそ、その仕方なくさせている圧力が減れば、いわば「自動」的に逆コースに向かうのでしょう。そうして仕方なく戦争放棄から今度は仕方なしに再軍備へ――ああ一体どこまで行つたら既成事実への屈伏という私達の無窮動《ベルベトウーム・モビーレ》は終止符に来るのでしょうか。

(『現代政治の思想と行動』上、一七五頁)

日本人は、その時代(先の敗戦)を明治維新に次ぐ近代化と読み違えてきたと思うほかないのです。そして、ここに引用した政治がいつのまにか、あたりまえのこととして歴史化(伝統化)してきたというほかないのです。その結末は、丸山真男が論じたようにいつも「無責任の体系」のもとにうやむやにされてきたといえばいい過ぎでしょうか。「浄土教の時代」の章で引用した丸山真男『日本の思想』の「注解」に引用された穂積八束の「然レトモ国家ノ自覚ニ於テハ我尚或ハ欧州二三ノ立憲国民ヲ羨ム」レベルにもほど遠いのです。もはや批判の対象ともならない「無責任な体系」がただ市場を必要とする資本と、そのための政治によって活発にうごめいているという他ありません。そこで利を占めるのは、ほかでもない資本であって、人間はそのための手段に過ぎないといったらいい過ぎでしょうか。

もっと大切なことは、自然そのものにあります。マルクスの『ゴータ綱領批判』はそのための批判テキストです。その批判は、いまも日本人への痛切なる批判として読めます。「ドイツ労働党」の綱領である「ゴータ綱領」です。『広辞苑』には、ラッサールについて、「ドイツの社会主義者。

ヘーゲル学派左派の哲学者。全ドイツ労働者同盟を組織、その初代総裁。賃金鉄則を唱えて労働者の窮乏を説明し、国家を労働者の解放に利用しうると考えて、国家社会主義に近づいた。主著『労働者綱領』」と解説しています。「ゴータ綱領」は彼の一派によって書かれたものでしたが、マルクスは草案を読んで烈火のごとく怒ったといいます。理由は簡単でした。自然そのものへの無知でした。「ドイツ労働党綱領への欄外注釈」に、次のように読めます。

労働はすべての富の源泉ではない。自然もまた労働と同様にさまざまな使用価値の源泉である（そして、物質として富はやはりそういう使用価値から成り立っているのではないか?）。労働それ自体が、人間の労働力という自然力の現れにすぎないのだ。

（『マルクス・コレクションⅥ』筑摩書房、二〇〇五年、七五頁、本文一部G体表記）

マルクスは、さらに厳しく自然と労働の関係を批判していますが、「人間はサルであることをやめたのちは野蛮人である」といった批判も展開しているのです。さらにマルクスの批判は徹底しています。次のように書いています。

ラッサール一派の国家に対する臣民的信仰、もしくは、それよりましとも言えない民主主義的な奇跡への信仰によって、徹頭徹尾毒されている。

（同一〇二頁）

「臣民的信仰」とはまったくもって先の敗戦以前、日本人にとってもっともいまわしい信仰であり、天皇と戦争への翼賛でした。それはまた敗戦後からいまにいたるまで、日本の支配者が押しつけてきた治世であるデモクラシーの内容とどれほどの違いがあるのでしょうか。

先を急げば、戦後日本は、「労働力」を資本の手段として消費し、その労働者は、自らの生産したものを買う、自らが自らを消費してきたのです。

2

友人の三上章道が原子力は諸行無常への挑戦、諸行無常の否定ではないかと訊ねてきました。原発建設の反対運動に参画してきたわたしには共感できる問いかけです。

諸行無常は、かつてはひろく日本人のこころのなかに浸透してきたことばです。その原義は、仏教にあります。諸行無常・諸法無我・涅槃寂静、そして一切皆空の四法印と説かれています。そのなかでことによく知られているのが諸行無常であり、「祇園精舎の鐘の声、諸行無常の響あり。娑羅双樹の花の色、盛者必衰のことはりをあらはす。おごれる人も久しからず、只春の夜の夢のごとし」という『平家物語』のはじめの節で周知でしょう。その平家は、天皇を権威とする権力をもって君臨したのですが、およそ三〇年で「おごれる人」になり終わりました。それは、保元の乱(一一五六)に始まる平家(平清盛)の台頭から一一八五年の壇ノ浦に及ぶ時代であったのです。

平安時代から鎌倉時代という社会の変革期でもあります。ちなみに『日本古典文学大系』（岩波書店）の『平家物語』上には「万物流転して常住しないこと」と脚注しています。

久しぶりに鈴木大拙の『日本的霊性』を読んでみますと「知性（科学）は、霊性を理解しえない」と読めます。この鈴木大拙の認識とその思想に、市川白弦は日本ファッシズムへの懐疑を指摘します。わたしには、どこまで糺せるかという課題がありますが、科学は、諸行無常を霊性でもって見ることを忌避するほかない技術であり、経験であるという理解は肯定できるでしょう。市民科学者の高木仁三郎も、プルトニウムの製造を彼の遺書といえる『市民科学者として生きる』（岩波新書、一九九九年）に「神を畏れぬ」ことと批判しました。それはまた、わたしたちの知性、技術の限界と見直しを迫ります。

『日本的霊性』は、一九四四年から書かれています。つまり先のアジア太平洋一五年戦争敗戦の前年です。丸山真男の名著である『日本政治思想史』も同時期です。二人は、朝鮮、台湾を植民地として侵略し、「満州国」をでっち上げ、中国をはじめアジアの国々を侵略し、国民を翼賛体制のもとで支配し、あげくのはて太平洋戦争と暴走する時代のなかで著作していたのです。その著作は、「私人」のものか「公人」の著作であったのかは重要な論点です。柄谷行人は、「私人」について、『哲学の起源』の「ソクラテスの問答法」で詳細に論じています。それはまったく「自由であれ」と欲している人たちの立場であるのです。何故なら「公人」は、ある約束事に縛られるほかない存在でしかないからです。諸行無常をわきまえることもなく、自らを縛りつけて生きているのです。それにも気づかない生き方です。それに対して、「私人」は、どのような約束事にも縛られることはありません。ソクラテスのように。親鸞も『教行信証』化身土巻のなかに『菩薩戒経』の「出家の人の法は、国王にむかひて禮拝せず。父母にむかひて禮拝せず。六親につかへず。鬼神を禮せず」という文類を引用しています。また親鸞自身のことばに「しかれば穢悪・濁世の群生、末代の旨際を知らず、僧尼の威儀を毀る。今の時の道俗、おのれが分を思量せよ」と批判していますが、それはどこまでも「私人」であったからできたのです。そして、親鸞は諸行無常を同朋とともに横超していたのです。だからこそ親鸞は念仏禁止の弾圧、いいがかりにも屈することがなかったのです。そこには、流罪にも屈せずその後の人生を「私人」として生きた親鸞がいます。そして同朋が生まれていたのです。

丸山真男が、ヒロシマでアメリカの放送を傍受していたと朝日新聞が報道していました。『丸山真男集』（岩波書店）「別巻」の年表には、一九四五年三月に「臨時召集により広島市宇部区の陸軍船舶司令部に応召」と読めます。その後、参謀部情報班に転属し、八月六日、「司令部前の広場で点呼朝礼中に被爆」しているのです。八日には、トルーマン大統領の原爆投下の放送を傍受しています。このとき丸山真男は、国家によって「私人」であることを禁じられていたのです。その時、丸山真男は、日本ファッシズムに内属する日本人であることを強迫されていたのです。諸行無常に生きていたのではありません。

科学者が、諸行無常の思想に立っていたら、原爆にも原発にも手を出さなかったでしょう。

二〇一一年一〇月六日から朝日新聞夕刊に「原発とメディア」「平和利用への道」の連載が始まっています。そのなかに科学記者だった人の悔恨が書かれています。湯川秀樹から「原子力発電は感心しません。放射能の怖さをもっと認識してもらわないと。平和利用、平和利用といいますが、そんな生やさしいものではありません」という「オフレコ」を聞いたというのです。これは原爆製造を立案したマンハッタン計画に貢献したアインシュタインの訓戒を思い出させます。爾来、わたしは、「アインシュタインの敗北」というようになりましたが、湯川秀樹の話がオフレコになったことに無念を禁じえません。その後、彼は国策となった原発事業から身を引きますが、先のオフレコから湯川秀樹が参画しなかったという謎も解けます。科学者として原子力の恐ろしさを知り尽くしていたのです。

長田新が編纂した『原爆の子』に綴られたヒロシマのこどもたちの原爆体験をだれも封じることはできません。また、その体験を諸行無常などといえるでしょうか。鈴木大拙のいう霊性は、知性（科学）を超越しています。そこでは、万葉歌人や平安貴族のすきなことばともいえる「もののあわれ」もまだまだ稚拙な直感に過ぎません。霊性には到達していないと喝破しています。その霊性は、法然から親鸞にいたりはじめて大地の生命として顕現したといい切っています。「仏教」の理解とは、鈴木大拙のごとき理解に立たないといけないと思うばかりです。一九四五年、日本敗戦の日、大谷大学において真宗学の学者である金子大栄らが動揺していたと聞きました。鈴木大拙に「どうしたらいいか」と助言を求めたというのです。鈴木大拙がなんといったのか。「大地に立て」とでもいったのでしょうか。東西本願寺は、大東亜戦争（アジア太平洋一五年戦争）を「聖戦」と名づけて賛美し翼賛していたからです。金子大栄がその後、大地に立てたかどうか、自己省察しえたのかどうか、わたしは知りません。ちなみに、東西本願寺が「戦争責任告白」をしたのは、東本願寺（真宗大谷派）が一九九〇年、西本願寺（浄土真宗本願寺派）が一九九一年ですが、その告白はきわめて不徹底です。菱木政晴が「受身的表現を多用している」（岩波ブックレット『浄土真宗の戦争責任』一九九三年、五頁）と批評したように大地に立つにはほど遠い内容でした。

今朝は「原子力は諸行無常への挑戦（諸行無常の否定）である」ということについて昨日から読んでいた『日本的霊性』をもとに思惟しました。わたしが学んだ真宗学の師である信楽峻麿も次のように書いています。

仏教は、科学文明が、いよいよ人間を疎外化し、人間を非人間化する道を進んでいることを、その理性我について、厳しく批判すべきです。（『親鸞の道』永田文昌堂、一九八六年、三八頁）

そして、そのために次のように提案しています。

宗教的な思惟、霊性の眼が重要であることはもとよりでありますが、また同時に、現実の歴史、

社会の状況を的確に捉えることのできる、社会科学の視座も大切であると思うわけであります。（同六二頁）

3

日本の思想史上で諸行無常にほんとうに立ち得たのは、万葉の歌人でもなく、平安貴族でもなく、そのとりまきの南都北嶺の僧侶が説く仏教でもなく、大地の生命に立った親鸞ひとりであったのです。さらにわたしはヒロシマ・ナガサキで被爆したこどもたちが綴った『原爆の子』に思いを重ねることができたのです。

古代から万葉、さらに平安貴族やそのとりまきの僧侶等の言説のなかにもたしかに諸行無常の観念やことばが使われていますが、しかし、それは情性的感性的直感でしかないのです。資料館で初めて被爆したヒロシマを知ったに違いない西欧の女性は立ち上がることもできない様子でした。あまりの衝撃に震えていました。そしてそれは、近代知性（科学）の敗北を体験することでもあったと思います。わたしのいう「アインシュタインの敗北」です。諸行無常で弁明できない現実が彼女を打ちのめしていたのです。漱石のことばでいう「自己本位の確立と連帯」ができない資本の愚かな所業の結果です。スピノザの自然権のごとく、またカントの他者と共生する「自由であれ」に立つことのない所業です。鈴木大拙のことばを引用します。

水の冷たさや花の紅さやを、その真実性において感受させるはたらきがそれ（霊性）である。紅さは美しい、冷たさは清〻しいと云ふ、その純真のところにおいて、その価値を認めるはたらきがそれ（霊性）である。美しいものが欲しい、清〻しいものが好ましいという意欲を、個己（エゴイズム）の上に動かさないで、却つて超個己の一人の上に帰せしめるはたらきがそれである。

（『鈴木大拙全集』第八巻『日本的霊性』岩波書店、一九六八年、一〇四頁、カッコ筆者）

「個己（エゴイズム）の上に動かさない」というところが、霊性の霊性たる所以です。普遍で一般だから霊性なのだとも書いています。特殊化したら霊性ではなくなるのです。鈴木大拙は、自然法爾ともいっています。また、次のように書いています。

このはたらき（霊性）は知性の能くすることであると考へるものもあろうが、知性は意欲に働きかける力を持たぬ。知性は却つて意欲の奴隷に甘んずるものである。（中略）或る意味では、意欲によりてこそ知性はその能力を持続して居るのだとも云へるのである。或は知性は意欲からの産物である。意欲が自分の能力をより強くより効果的たらしめんために知性を動かし始めたのだとも云へるのである。

（同一〇四〜一〇五頁、カッコ筆者）

アインシュタインは、「知性」に支配されていたのでしょう。そして敗北したのでしょう。マルクスにも影響を与えた思想家のフォイエルバッハの『キリスト教の本質』について、野間宏と対談した山之内靖（経済学）は知性（理性）と感性の違いを、次のように話しています。

この彼（フォイエルバッハ）の宗教批判の構造を読んでいきますと、それがそのまま裏返しの形で科学主義批判に通じてゆくことがわかってきます。感性という生命体の根本にかかわるレヴェルをはずしてしまって、形式合理主義な物理、化学や数学の論理性だけをぎりぎり推し進めていく。そこに近代の科学主義というものがあるとすれば、実はフォイエルバッハは、キリスト教批判という手続きを通じて、科学主義批判をやっているということが、裏側に見えてきます。

（『使者』五、一九八〇年春号、一二四頁カッコ筆者）

理性が、「意欲の奴隷」に過ぎないということを見抜けているのかと、フォイエルバッハは『キリスト教の本質』で問題提起していたといえます。市場原理を批判するときも、フォイエルバッハの問題提起は、そのまま通じます。市場は資本の奴隷ではないでしょうか。いかなる資本も自由で平等ではないことを疑わない人はいないでしょう。そしてフォイエルバッハもまたイオニアの自然哲学について、序言でふれています。

4

いま（二〇一一年）、アメリカのウオール街でデモが繰り返し起こっています。リーマンショックを引き金に金融の欺瞞にアメリカ合衆国の人もガマンならなくなったのでしょう。金融資本主義の構造は、すでに破綻していて、それは政治権力に頼っているずるがしこい知性（我欲）で正当化され、そして資本の奴隷になっていることにアメリカ人も気づいてきたのでしょう。その彼らの現実を諸行無常で説明するなら、諸行無常は、権力の欺瞞を支えることばになってしまいます。

では、社会科学からはどのような現実を直視できているのか。そのこたえは欧州、中近東、アフリカ、南米、オーストラリア、アジア、そしてアメリカ合衆国をはじめとする各国、さらに民族の治世に不可避な課題であるでしょう。そして、その可能性は、政治や国家ではなく個人の反映であるべきです。しかし、日本では、３・11後にいたっても反原発・脱原発への個人の民意が反映しない政治が支配しています。政と官と財と学の「むら」が権力（資本）を牛耳っています。それは、デモクラシーのルールが反映しないシステムが支配しているという他ありません。そのことに気づいている人たちも、コンクリートやアスファルトにおおわれた路と同じように、大地を覆うシステムに佇むばかりなのです。大地を慈しんできた風土が、丸山真男の指摘したように「無責任の体系」によって覆われ支配されているのです。それが共同体に内属することに馴らされてきた「おとな」の現在です。

日本には、かつても、そしていまも、「個人」が自立する社会科学が育たなかったという他ありません。先述した市川白弦の『仏教者の戦争責任』は、そのシステムを明確に糾明しています。その二番目の章である「挫折と転向」の終わりに次のように書いています。

「良心」とよばれるものは、われわれの内部において自己検閲をおこなう、一種の内在化した国家権力であることが、まれではなかった。「やましさ」とよばれるものが、外部権力にたいする臆病の別名であることが、まれではなかった。社会的連帯の自覚を高めること、真理と人権を尊重する共通の意志を結集すること、主権者はわれわれ自身であるという認識に徹すること、そして世界史の動向を正しくとらえること、このことを怠ってはならないであろう。

(同六二頁)

それは大地を見失った日本社会への批判といってもいいでしょう。ブラジルに移民した人たちが、『ブラジル日系文学』という同人誌をサンパウロで刊行しています。わたしはそこに二度、寄稿し、移民者は大地に「自分じしんの歴史」をつくってきたと書きましたが、それは同人誌を育んだ大地を耕してきた移民者の精神を思ったからです。それはまた、フォイエルバッハの『キリスト教の本質』、マルクスの『ゴータ綱領批判』に、そして鈴木大拙の『日本的霊性』に読んできた思想を思惟しつつ書きました。谷中村で最後まで抗した農民もそうです。三里塚で最後まで抗した農民もです。

5

鈴木大拙、丸山真男と同じ時代に柳田國男は『先祖の話』を書いています。『先祖の話』は戦後、靖国神社の「教学」となった感もありますが、柳田國男の真意は違います。

とまれ「原子力の平和利用」などと喧伝されてきた原発は霊性の否定であり、「アインシュタインの敗北」なのです。二〇一三年二月、わたしは以下のような文書を数人の知人に書き送りました。

安倍政権は紛争国にも武器を輸出できるようにするという。なんという破廉恥なことだろう。武器を何故『日本国憲法』「第九条」を掲げる国が輸出できるのか。カントの『永遠平和のために』は武器を持たないことがその第一の条件である。また、市川白弦は平和の「罪責」として日本の戦争責任戦後責任を厳しく自らにも問うていた僧侶であった。結果、彼は僧侶に先なしとして離れたが、このまま安倍政権に居座らせることは危険きわまりない。数日前の朝日新聞（2月21日）の「オピニオン」に冷泉彰彦という人のインタビューがでている。この人がどういう人か知らない。が、その全体の主旨はともかくとして、「日本の教育には決定的に欠けていることがあります。「自分の意見を持つことの重要さ」を教えないことです。自分の中に核になる考え、抽象的な原理原則を持ち、それに基づいて政策への賛否を決めるというあたりまえのことを、公教育で一切教えていない。大きな問題です」という発言はその通りで、憲法に明記された「主権在民」という民主主義の根幹を多くの国民は忘れているのではないかと思うばかりです。「主権」は国民にあるので、政府にも官僚の作文にも財界やNHK会長のアホな発言にもないということをしっかりと心身に刻まないととんでもないことになるでしょう。朝鮮戦争の時に公になっていないが、米軍の兵站を維持するために日本人が米軍に雇われて朝鮮に参戦していました。そして朝鮮戦争の「現実」をもって日本は再軍備しました。その後、小田実さんのべ平連は、ベトナム戦争批判の実践として一〇名のアメリカ軍の脱走兵をかくまい、そのうち七名をスウェーデンに渡航させた。すごいことをしましたね。ともかく安倍政権を一刻もはやくつぶすことが緊急の課題である。天台宗や真言宗は「鎮護国家」を祈祷するそうだから、是非「呪殺安倍政権」の祈祷を根本中堂や本堂でやるといい。ちなみに梅原正紀(七〇年代に『宗教放送』という雑誌を一緒に刊行していた)らが七〇年代の初め日蓮宗僧侶の丸山照雄や真言宗の僧侶等と「公害主呪殺祈祷僧団」を組織し行脚した。天台宗とか真言宗の僧侶は自らの僧団の歴史への「内省と反省の当為」として、是非「呪殺安倍政権」を掲げて、毎日祈祷と行脚をすべきです!!

これは今朝の新聞を見ながら思ったことです。お近くに天台宗や真言宗の僧侶がいたら教えてやってください。「あんたが僧侶であることの当為のあかしやで」とすすめてください。

同朋と「雑民」

1

五木寛之が新聞連載していた『親鸞』の第一部と第二部が文庫本になり、読んで感心しました。東西本願寺の両教団には、宗学という浄土真宗の教義を研究する伝統があります。わたしも大学で宗学を学びましたが、五木寛之の『親鸞』は、本願寺のセクトを超え、こどものときに読んだ『小公子』、『アルプスの少女ハイジ』、『十五少年漂流記』のように、わくわくさせる物語です。ドストエフスキーやソルジェニーツインの重厚な作品の印象でもなく、漱石の作品のように痼癪が起こるほど読者を追い込むこともありません。それでもインテリゲンチアが大衆小説と侮《あなど》れないすばらしいわくわく感があります。病後のわたしの心臓にはそれだけに負担ではありましたが、楽しく読むことができました。そして、読後に五木寛之を高く評価した駒尺喜美の『雑民の魂』（講談社文庫、一九七九年）を思い出し数十年ぶりに読んでみたのです。駒尺喜美は、かつて漱石論も書いていますが、五木寛之には、自ら書いているようにミーハー的にあこがれて書いています。

ミーハーということばの意味は、正確に知りません。駒尺喜美自身は「あらゆる意味での弱者、権威を持たぬ人、知力や金力で人を支配する側に廻らぬ人、等々と考えたが、苦しまぎれに一言で規定してしまうと、受身の場で生きている人々のこと、操られる側の人間、とそういっておこうと思う」（同一〇頁）と書いています。『雑民の魂』を読んでみると駒尺喜美の青春も書かれています。そして自らミーハーだと自認していますが、それは一通りでないミーハーです。大阪の商家に生まれ育った彼女は、先の大戦の大阪大空襲のさなかも、ひいきの役者を追いかけていたというミーハーです。それはそれとして、駒尺喜美は戦後、文学研究者になり漱石論を書いていますが、その一方で、ミーハー魂も元気に維持しています。晩年になって五木寛之のファンになったのも彼女のミーハー魂がエネルギーになっているのです。

五木寛之の小説を熱心に読んだ記憶があまりないわたしは、駒尺喜美によって、五木寛之が幼いころ両親とともに朝鮮半島に植民し、彼の地で育ち、一三歳のときに敗戦を体験した引揚者であることを知りました。そういえば、わたしの母も植民者でした。「満州国」で生まれています。しかし、母は、父（わたしの祖父）の病気で敗戦前に帰国し敗戦国の植民者であった悲惨な体験は免れました。

植民と移民は違います。植民者は満州国が示しているように侵略者なのです。またかつて満蒙開拓団を養成する本を読んだことがあります。広大な大地に武器を携えて入植するのです。一方の移民は、棄民とも通じる政策でした。ハワイへの移民者の物語である『パウ・ハナ』（刀水書房、一九八六年）には、その地で忍苦した移民者の生活を読めます。

大地を耕した移民はブラジル移民です。ブラジルへの移民は百年以前に始まります。敗戦後も「満州国」やアジアの各地から引き揚げてきた人たちのなかからブラジルなど南米へ移民した人たちがいます。戦後、ブラジルへは三回、移民船があったと記憶しています。ブラジルのサンパウロで主宰する同人誌『ブラジル日系文学』は、移民した人たちの文芸誌です。先述したようにその四十五号と四十六号にわたしは「耕する大地と抗する思想」というエッセイを掲載してもらったのです。

五木寛之は植民者の息子でしたが、その五木寛之も大地に育ったのです。そして敗戦による過酷な体験は五木寛之の大きな土壌になったと、駒尺喜美は書いています。

駒尺喜美は、『雑民の魂』に五木寛之の作品の中から五つの命題を提示します。命題は、次のように設定されます。

一、政治というものの底なしの恐ろしさ
一、自己の自由意志により選択した行為だと思っている場合でも、その行為はすべて政治の掌の中にあること
一、自己の良心、自己の才能を発揮すればするほど、背後のもの（金力、権力、組織力）に操られる

一、政治は個人よりも組織を守る
一、セックスもまた政治の掌にある

実は、この命題は、駒尺喜美が研究していた漱石の思想からではないかと思いました。何故なら、先に引用した漱石の「私の個人主義」は、駒尺喜美のたてた命題の源になっていると思えるからです。つまり、駒尺喜美は、自分のミーハー魂を五木寛之の物語に再発見し、漱石で定立しているると思ったのです。

駒尺喜美の五木寛之評論は、ミーハーの心をよみがえらせます。体力をいとうこともなく踊り続けるゴーゴーダンサーのようです。そんな駒尺喜美の思惟に共感し、駒尺喜美に感謝します。駒尺喜美の仕事にわたしは手をたたいています。賞賛しています。五木寛之の物語群を『雑民の魂』として評論した駒尺喜美に、わたしは励まされます。テレビＣＭに「エールを送ろう」という曲がありました。

Someone needs you
Would you clap your hands
Someone's gonna finish something
Would you clap your hands

I would like to send it to someone
Clap your hands !

（作詞作曲・橋本竜樹）

「正しい大人」も駒尺喜美が提起した五つの命題にめざめているのです。そして、その連帯は、親鸞とその同朋と同じように連なっているのです。『雑民の魂』に次のような一節があります。

現実を置き去りにする〈偶像〉的生き方ではなく、そうかといってもちろん、現実を甘受するのではない。また、ひたすら良心的に苦悩して、その己の内面の真実とのみ向かい合うのでもない。つまり現実を生きる雑民と同じく、俗世間の中に深くコミットし、その中からそれをのりこえる道を見つけ出そうという決意を、今一度固めたのだと思う。ミイラとりはミイラになるべきだという、彼の哲学とその生き方を。具体的にはサブ・カルチュアの戦士として生きることを、である。

苦悩しつつ生きる知識人も、革命家も、人々と切れている点では、同じくデラシネである。だがそのデラシネであることを、決定的なものと自覚しているものは少ない。自覚しているとしても、そのエリート性を無意識のうちに手に握っていることが多い。五木が一番おそれているることは、そのように人々と切れること、なしくずしにエリートになってしまうことである。くり返していうが、その意味で、エンターテイナーたることは、五木にとって最も積極的にして根源的なる行為なのである。
（同一二七〜一二八頁）

エンターテイナーとは「人を楽しませる語りや芸をする人」（『広辞苑』）です。といって現在、テレビ番組に多いお笑い番組の芸人とは比較できません。五木寛之のようなエンターテイナーはなかなかいません。そうした例からいうと、エリートであってエンターテイナーであるということから菱木政晴を思い出します。何年か前、彼の『極楽の人数』（白澤社、二〇一二年）の出版記念会で「高木顕明『余が社会主義』を読む」という副題でしたが、実際はビートルズファンの彼のライブで、ビートルズの音楽をはじめて間近に聴く楽しい体験でした。

また、親鸞も今様風の和讃をたくさん詠んでいます。京都に帰ってからです。文字を読めない同朋は、親鸞の和讃を口伝えに学び唄っていたのではないでしょうか。和讃を歌として同朋の信心をはげましたのです。親鸞の『浄土和讃』（『真宗聖教全書』二「宗祖部」四八三頁）の一句を読んでみます。

弥陀の名號となへつゝ
信心まことにうるひとは
憶念の心つねにして
佛恩報ずるおもひあり

『浄土和讃』は一一八句詠まれています。その内容はひろく浄土真宗の教義も詠っています。

信心よろこぶそのひとを
如来とひとしとときたまふ
大信心は佛性なり
佛性すなはち如来なり

また『愚禿悲嘆述懐和讃』（『真宗聖教全書』二「宗祖部」五二七頁）には一転して、きびしい自己懺悔であり現実批判を詠っています。

かなしきかなや道俗の
良時吉日えらばしめ
天神地祇をあがめつゝ
卜占祭司つとめとす

かなしきかなやこのごろの

和国の道俗みなともに
仏教の威儀をもと、して
天地の鬼神を尊敬す

一六首からなる『愚禿悲嘆述懐和讃』の末には、次のような親鸞自身のことばもそえています。

已上十六首、これは愚禿がかなしみなげきにして述懐としたり、
この世の本寺本山のいみじき僧とまふすも法師とまふすも、うきことなり

「愚禿」とは親鸞自身のことです。わたしはこれら和讃を節をつけて音読する、唄うことで学んできました。それはエンターテイナーの習学のように思い出すことです。親鸞の同朋も同じように唄っていたでしょう。こうした和讃を親鸞はたくさん詠んでいます。そして関東の同朋に消息とともに送っていたに違いありません。今様といえば後白河天皇（一一二七〜一一九二）が撰したという『梁塵秘抄』があり、阿弥陀仏を詠んだ歌もあります。その今様は市井の名もなき遊女らがエンターテイナーでもあったのです。

親鸞の和讃は、『雑民の魂』の命題に即しているという他ありません。親鸞は同朋たちに「世の盲冥」とも詠っています。盲冥とは凡夫を意味します。その凡夫は、権威や権力におもねて生

きません。「いし・かわら・つぶてのごとく」とあなどられようとも恥じることのない自立した人なのです。性別も年齢も関係ありません。「本当の世界に立つからには、本当の世界にめざめたからには、一切の人々がその真実の世界にめざめて、互いにいのちを尊び合って調和して生きていける世界、そういう世界を、この現実の中につくろう」（二葉憲香『親鸞　仏教無我伝承の実現』永田文昌堂、一九九七年、一一〇頁）と自立し生きた人たちです。それが念仏者です。「正しい大人」です。彼らは、スピノザが提起した自然権にもめざめていたのです。

念仏者は、自らのリビングによって国家を相対化することができる主体を形成しているのです。柄谷行人の思想を援用して思惟するならば、そのような主体者の実践（リビング）とは、カントの言説にある倫理的（自由）な行為者といえます。

2

駒尺喜美が論じる『雑民の魂』に阿弥陀仏も惜しみないエールを送ってくださると思ったことです。また、野間宏は浄土を「作用であって働きであるもの」と思惟していましたが、往相還相も阿弥陀仏の働きであり作用であり、ひらたくいえばエールといってもいいのではないでしょうか。

二〇一四年、わたしは、沖縄独立を知人たちに呼びかけました。沖縄知事選の後です。辺野古の基地反対を掲げる候補者が圧倒的に得票し選ばれました。しかし、アメリカ合衆国政府と日本政府は辺野古の美しい海を埋め立てて基地を作る方針を撤回しようとしません。そこでわたしは知人たちに次のようなメールを送りました。

沖縄知事選は予想通りでした。普天間の移設、辺野古の基地計画撤回は当然です。ただこのままでは実現はむずかしいですね。そこでぼくは「琉球（沖縄）独立」を果たすべきだと思います。独立すればいいのです。そのためにはまず官民全体のゼネストから意思表示し国際世論に訴えていく。現在の米中の覇権争いも逆に利用できる。そして完全な中立国、スイスのような国になればいいと念じています。

歴史的にも「琉球」はかつて独立国であり中国をはじめ東南アジアなどとの交易で栄えていました。だれか真剣にとりくまないのかなと思います。研究のテーマにもなるでしょう。近くでは、かつて済州島の悲惨な事件がありました。でもいまなら国際世論を利用して平和にできると思う。「イスラム国」の場合と違います。ゼネストで基地の機能も麻痺させる。そのためにまずは「資金」が必要ですから、アホのミクスからとれるだけとって充てれば一年ぐらい耐えられるのでは。「地産地消」も大事な戦略です。

いまは沖縄に知人はいません。でも実現してほしいです。「本土人」もたくさん応援すると思います。

すばらしい返信もありました。八通のうちの二通は熱烈に独立に賛成していました。基地に依存させられている沖縄の民意は圧倒的に基地に反対なのです。沖縄には、自然をはじめ地産地消できる環境が備わっているのです。それを破壊してきたのはだれでもない日本（本土）なのです。そしてアメリカの資本です。アメリカ合衆国の公共事業は戦争であり、その結果、いまなお沖縄はそのための基地に占領されているのです。漱石は、先の「私の個人主義」の最終談で、「国家的道徳というものは個人的主義に比べると、ずつと段の低いものの様に見える事です。元来国と国とは辞令をいくら八釜しくても、徳義心はそんなにありやしません。詐欺をやる、誤魔化しをやる、ペテンに掛ける、滅茶苦茶なものであります」と手厳しく語りますが、今日の日本と中国、韓国、そしてなによりもアメリカとの国家関係は、漱石の時代と変わることもないでしょう。

3

駒尺喜美の命題を克服することはできるのでしょうか。それは、古代イソノミアにあります。しかし、デモクラシーは、その期待に応え切れないのです。何故なら、日本の現在からいえば、デモクラシーのもとでの政治は、国会が支配しています。選挙による代議制で行われていますが、国家権力は、いつも国会の与党の手のなかにあるのです。つまり、国会が「国家」になっており、それは同時に政治家の掌のなかにあるということです。そして、その結果、問題が次々と起きています。漱石が文筆家として活躍した時代は、わたしの社会と違った時代に生きていましたが、国家の仕組みは、いまとかわりません。だから漱石は、国家に対して「徳義心はそんなにありゃしません」という厳しい見方をしていたのです。わたしがいま住んでいる団地は二五〇戸あります。何年かに一度、自治会や管理組合の役が回ってきます。数年前にわたしも自治会の役が回ってきました。出席者は少ないのですが、会長や役職者を選ばねばなりません。日常的なつき合いもないのですから選出方法がむずかしいのです。そこでわたしの提案でアミダくじで選出しました。その結果、初めて女性が会長になりました。くじで選出することは柄谷行人の『トランスクリティーク』に読んだ記憶があります。まったく妥当な選出方法だと思います。くじ引きでいいのです。国会議員もアミダくじでとまではいいませんが、およそデモクラシーを形成するには、選び方のシステムを変えていく必要があると思うばかりです。現実にはやさしいことではないですが、それは、「おとな」の仕組みを変えることでもあるのです。

西欧でも同じように考えていた人がいます。カントがその一人です。くじは、カントのことばの「格率」に相当するでしょう。『広辞苑』には「行為の個人的・主観的規則の意味に用い、普遍的道徳法則と区別した」と説明しています。カントの『永遠平和のために』は随所に参考になるコンテキストが読めますが、くじの効用は、「他人の権利に関係する行為で、その格率が公表性と一致しないものは、すべて不正である。」（『永遠平和のために』岩波文庫、一〇〇頁）というこの明快なことばに即しています。しかし、いざこれを実行するとなると、ごたごたと文句をつける人が必ずいます。でもわたしにはそういう文句に反論する確信があります。

柄谷行人の『トランスクリティーク』は、カントとマルクスを読み解いていますが、そのなかでカントのアンチノミー（二律背反）について明快に論説しています。それは以下のようなコンテキストからなっています。

人間は自由である。

人間は自由ではない。

という二律背反をカントはどう乗り越えたかということです。

その答えは、自由意志です。

「自由であれ」という「至上命令」を己に命じることだったのです。

それにには条件があります。道徳的であることです。カントのいう道徳的は、柄谷行人の倫理的という意味です。つまり倫理的であれば自由である可能性があるというのです。

漱石の場合も同様です。漱石が大阪で初めて講演した「文藝と道徳」（『漱石全集』第十一巻）なども大いに参考になります。漱石は、そこで「徳義心」ということをいっているからです。

駒尺喜美の五つの命題は、漱石の徳義心に立ってみると、より明確になる命題です。つまり、わたしがいまどのような社会に生きているかを明快に理解させます。そして原爆の被爆者から原発の被曝者にさらされてもなお徳義心の育たない社会ならば、わたしは自由を自らの至上命令にしなくてはなりません。反原発・脱原発の行動はここにはじまります。ここで示された命題は、アジア太平洋一五年戦争を経験した人だけのものではありません。福島第一原発のメルトダウンで故郷を追われた人の現在であり、京都に住むわたしも同じ掌のなかにいるのです。そしてこの命題のもう一つの問題の本質は資本です。お金です。それはすべて資本のなせる術だということです。駒尺喜美が考え得た政治は、資本と不可避な関係にあるのです。それはまた日本人だけの命題ではありません。柄谷行人の『倫理21』の第三章を読んでみます。

ある意味で「善い」経営者と「悪い」経営者がいるわけです。たとえば、最近大きな会社や銀行の幹部が逮捕されたり辞めたりしていますが、その意味で「企業倫理」というべきものがあるわけです。しかし、マルクスがここで追求したのは、たとえ個々の資本家、経営者が道徳的に善くふるまおうと、資本の担い手である限りにおいて彼らが強制されてしまうような関係構造を把握することです。そうでなければ、たんに資本家は悪いという話になってしまう。マルクスにとって大切なのは、人間を強いている関係構造の認識であって、それが「自然史的な立場」なのです。あるいは、それがマルクスの「エティカ」だといってもいい。すべて資本家は悪い、といってすむような話ではないし、また、企業倫理が確立されればよいというような話ではないのです。

（同五八頁、傍点筆者）

ここでは、マルクスから思惟していますが、資本は、自己増殖的であるかぎりにおいて資本であるのです。従って柄谷行人のいうように「資本の担い手である限りにおいて彼らが強制されてしまうような関係構造」が資本には不可避です。わたしもそれを資本と書いています。個々人の善意や悪意を超えているのです。制御できないのです。福島第一原発からは、今日もおびただしい放射能に汚染された大気と水が排出されています。それは資本が必要とした手段の結果です。つまり、日本のみならず世界で資本がエティカのもっとも強力な敵であり、中東でテロリストと呼ばれている人たちの多くも資本と闘っているといえます。では資本はどうして終わるのでしょうか。柄谷行人の『世界史の構造』は、次のように書いています。

働くことを強制できる権力はあるが、買うことを強制できる権力はないからだ。流通過程におけるプロレタリアの闘争とは、いわばボイコットである。そして、そのような非暴力的で合法的な闘争に対しては、資本は対抗できないのである。（同四四〇頁）

わたしは、日々の買い物をできるだけ地産地消にしています。近くに農協の直販店があり、高齢者になった農家の女性や男性が耕している畑から毎朝収穫した野菜や果物、そしてお餅やつけものを持ち寄り売っているのです。農協の会員でない人の作物もあります。そこでの商品の包装はいたって簡単です。ほとんどが収穫されたまま土のついた野菜です。畑の土とときには虫もいっしょです。それになにより新鮮です。この時代になり農薬を使うことも少ないと話します。みてくれはばらばらの大きさの野菜であっても、おいしくいただけます。そして安いです。このように地産地消は、より大きな資本をボイコットできます。朝の売店の忙しい時間は、耕作者の男性もいっしょに売り場に立っています。もちろんそこには限界があります。バターやチーズをわたしの住んでいるところでは作っていません。でも野菜や食生活の習慣を変えると三〇パーセントとはいいませんが、かなりの食材が地産地消でまかなえます。スーパーマーケットで外国産の野菜を買うこともしなくなりました。季節を食することができるようになりました。それに作物には、作った人の名前も必ず添付してあります。

毎週、わたしの住む団地では火曜日が「プラゴミ」を出す日です。少し遅くもっていくと、もうゴミ置き場は満杯状態です。多くの人がプラで包装された加工食品を買っているからです。ゴミ置き場は、わたしの思想を確認できる場でもあるのです。燃えないゴミを出す日には、ビールではないビールらしい飲料のアルミ缶がものすごく出ています。かつてフランクフルトやベルリンを訪ねて、かの地のビールを親しんだわたしには理解できない現象です。資本は偽装ビールを安価に売っているのです。でもわたしは偽装ビールを飲みたいとは思いません。何故ならそれは「模倣」だからです。「個人」になろうとする人は模倣を好まないのです。漱石が、あるとき二人の息子を連れて町を歩いているとき、下の息子がそこで出会った人のまねをしたとき猛烈に怒ったということを上の子が書いていました。漱石もカントと同じです。「個人」であり「自由であれ」

という「至上命令」を自分につねに働きかけていたからです。ということで、わたしの地産地消は、資本へのささやかな抵抗、ボイコットであると信じています。

4

わたしたちの親世代は、アジア太平洋一五年戦争に敗戦しその後、世界に類のない『日本国憲法』（平和憲法）を世界に提示し、主権在民による「平和」を世界に約束したのです。にもかかわらず再軍備したのです。わたしたちが世界に向けた誓いの「前文」を読んでください。

> 日本国民は、正当に選挙された国会における代表者を通じて行動し、われらとわれらの子孫のために，諸国民との協和による成果と、わが国全土にわたつて自由のもたらす恵沢を確保し、政府の行為によつて再び戦争の惨禍が起ることのないやうにすることを決意し、ここに主権が国民に存することを宣言し、この憲法を確定する。そもそも国政は、国民の厳粛な信託によるものであつて、その権威は国民に由来し、その権力は国民の代表者がこれを行使し、その福利は国民がこれを享受する。これは人類普遍の原理であり、この憲法は、かかる原理に基くものである。われらは、これに反する一切の憲法、法令及び詔勅を排除する。
> 日本国民は、恒久の平和を念願し、人間相互の関係を支配する崇高な理想を深く自覚するの

であつて、平和を愛する諸国民の公正と信義に信頼して、われらの安全と生存を保持しようと決意した。われらは、平和を維持し、専制と隷従、圧迫と偏狭を地上から永遠に除去しようと努めてゐる国際社会において、名誉ある地位を占めたいと思ふ。われらは、全世界の国民が、ひとしく恐怖と欠乏から免かれ、平和のうちに生存する権利を有することを確認する。

われらは、いづれの国家も、自国のことのみに専念して他国を無視してはならないのであつて、政治道徳の法則は、普遍的なものであり、この法則に従ふことは、自国の主権を維持し、他国と対等関係に立たうとする各国の責務であると信ずる。

日本国民は、国家の名誉にかけ、全力をあげてこの崇高な理想と目的を達成することを誓ふ。

資本は、「前文」の思想を葬りました。一九五〇年には、警察予備隊という名前の軍隊が作られたのです。朝鮮戦争勃発の一、二カ月後です。その後、自衛隊になりました。世界の「現実」と向き合ったと聞きましたが、丸山真男は猛烈に反対していました。そのような「現実」はデマゴギーに過ぎなかったのです。大戦中にすでにアメリカとソ連の対立は知られていたではありませんか。さらに朝鮮戦争で米軍将校は原爆を使おうと考えていたではありませんか。そうした世界情勢の中で平和憲法を発布したのです。平和憲法をわたしたち一人ひとりの倫理としていたなら、このたび（二〇一三年）のアルジェリアでの惨劇も避け得たのではないでしょうか。ニュースで見たアルジェリアやマリ、そしてニジェールの都市を離れた人々の生活は、砂漠を流浪する民であり、日本が一九四五年以前に侵略していたアジアの植民地や侵略地の人たちの生活とどれほどの隔たりがあるといえるでしょうか。そういうわたしも冬にはオイルヒーターをもちいて暖房していますが、その電力のモトはどこで得られたのでしょうか。資本に隷属させてエネルギーを収奪しているのではないでしょうか。圧迫と偏狭を地上から永遠に除去しようと努めている個人や社会も、資本の前ではなんら機能していないといっても過言ではありません。そしてその資本の直接の犠牲者は、いったい誰であったのでしょうか。

ラオスからカンボジアに逃れてきた難民の人たちの住むキャンプを訪ねたとき、絵本を見たこともないこどもたちがいました。ベトナム戦争のためにアメリカ軍に支配され闘った人たちが、ベトナム統一とともにメコン河を渡ってタイに逃れてきていたのです。身一つで逃げてきたのです。彼らに武器をあたえていたのはアメリカ軍でした。また日本の国連難民高等弁務官事務所の知人の要請でポルポト政権が崩壊した後のカンボジアに行った体験も忘れることができません。仏教国であるカンボジアでは僧侶をはじめ、多くの人が虐殺されていました。でも首都のプノンペンから離れた村には、お寺がありました。食料も僅かにしかないなかで、人びとは自然に依存して、自然に身を任せて生活していました。電気もありません。でもその村にいた数日、わたしはこれまでになく平安な気持ちになりました。それは、『雑民の魂』が提起した命題から離れることの体験でした。そして何より彼らは「国民」ではなく、「村人」でした。食べるものは地産地消でしかありません。唯一残っていたお寺では、資本が切り採った森の再生のための苗を育てていました。
しかし、ひとたび彼らも「村人」から「国民」となると、時も場も関係なく資本に操られます。雑民を操るのは、ひらたくいえばお金なのです。それは独占的な私有制につきます。多く持てることが「ゆたか」であり、人間性とか自然もこの私有制にかないません。道徳や倫理にも勝ってしまうのが資本です。アルジェリアに稼ぎに行った日本企業も同じです。お金で買えないものは、そこにはありません。大地も資本に支配されるのです。そして、大地が資本に刃向かったとき破壊が起こります。福島第一原発のメルトダウンはまさにその象徴です。異常気象といわれる地球の気候もそうです。地球温暖化という文字やことばを日常、読んだり聴いたりする時代になっています。豪雨や豪雪、そして干ばつがひんぱんに起きているのです。「原発銀座」とよばれている若狭で原発のために「海水温が高い」と聴きました。原子炉で核爆発させた熱を海水を循環させて冷やしているからです。その結果、自然に反したあたたかな海水が海にそそがれているのです。

5

大震災のあとにも新たな資本が入ってきます。3・11では、原発の廃炉のための資本です。それは国家資本といいかえていいでしょう。わたしは、そのような資本に公正に対抗できません。

悲惨という他ない現実しかありません。原爆も原発事故の犠牲も資本にとっては予定調和であるのです。福島第一原発の惨憺たる現実は、東京電力本社の中枢部になんの悲惨さもありませんでした。むしろその直後に数億円と報道された東電幹部の退職金に資本の惨《むご》い現実を見せられました。それはまさに特権化した「同族的、家産制な精神と構造」の現実であり、「小文字で書いた天皇制国家」（丸山真男）です。そこでは「無責任の体系」が恥じることなく大手を振って闊歩しているのです。「同族的、家産制な精神と構造」で己の身を守る「おとな」の多くは男性です。近代日本史のはげやすくもろかった社会の表層は、そんな男性の「おとな」たちが作ってきました。明治維新からはじまった「おとな」の社会です。もとより、それはさらに過去にさかのぼって思惟することもできます。

『雑民の魂』のなかの根性（魂）をもっていた大人は、まったくその逆です。その意味を理解するために、『雑民の魂』巻末に掲載されている駒尺喜美の「声」を紹介します。ほんとうは『雑民の魂』を読んでから聞くべき「声」ですが、ここでの引用を許してください。

わたしはここで五木寛之について、あるいは漂流の思想、半島の思想、あるいは雑民の精神、循環の思想、またあるときはデラシネ魂、ヌエ的立場、さまざまな側面からみてきたが、それらすべてがひとつなりのものであって、切っても切れぬものであることは、もはやことわるまでもないであろう。

それらひとつながりのものを、わたしは、仮に「雑民の魂」と名づけたのである。

五木寛之との出会いは、わたしにとってまことに衝撃的であった。それは、五木さんの〈雑民の魂〉にふれて、わたしの内部にねむりこんでいた、〈雑民の魂〉がゆり起こされたからである。雑民もまた、声なき声でなく声ある声をもちたいと思う。

五木寛之の小説や発言から『雑民の魂』を書いた駒尺喜美に、わたしは感謝します。そしてそれはそのまま、わたしの近代日本史への皮相な思いにつながります。『雑民の魂』は、日本の近代、帝国主義日本から経済大国日本を生み出した「おとな」を糾弾しているのです。五木寛之の父は、その帝国主義の亜流であり二流と見なされた植民者でした。

植民と移民は違います。ブラジルに移民した人たちで刊行している『ブラジル日系文学』を五、六年前から読んでいますが、そこには、ブラジルの未開の大地を耕した人たちの強いそして人間としての心根が読めます。また、日本への思いがあります。あるときは「棄民政策」ともいわれた移民です。一方、五木寛之の両親は教育者として植民しました。『雑民の魂』にも「五木一家は亜エリートというべきであろう」と書かれています。亜とは、「次ぐ、準ずる、二番目」という意味です。五木寛之は、帝国主義日本の植民地であった朝鮮で教育者として赴任した父の子でした。ちなみに日本の植民地政策は、「憲法発布以後、帝国憲法を施行しない植民地として、日清戦争の結果台湾、日露戦争の結果樺太（北緯五〇度以南）および租借地の関東州と満鉄付属地、日露戦後に朝鮮、第一次大戦により赤道以北の南洋諸島（委任統治領）を獲得した。これらはいずれも日本の排他的な主権下にあり、天皇に直隷する、いわば直轄植民地であった」（岩波講座『近代日本と植民地』1・大江志乃夫「東アジア新旧帝国の交替」、一九九二年、一〇頁）という経過をたどっています。

ソウルの古書店で日本統治時代の出版物を探し買い求めていたことがあります。日本の植民地支配の実態を知りたいと考えていたからです。三度ほど探しに行きました。緊張したこともありました。そのなかに『京畿道《キョンギド》　教育と宗教要覧』という資料がありました。一九三九（昭和一四）年に刊行しています。総督府の役人の資料だったのでしょう。発行元の記載もない資料ですが、京畿道とは、現在の大韓民国の京畿道ソウル特別市、仁川広域市の大部分及び朝鮮民主主義人民共和国（北朝鮮）の開城工業地区を合わせた地域です。五木寛之の父が赴任していたのは平壌からさらに北方のようです。平安北道でしょうか。そこはソ連との国境に近い町です。そのころの朝鮮は、総督府がすべてを統括しています。「要覧」の教育の概況を読んでみますと、「朝鮮人就学児童数は学齢児童数に対して僅かに五割三分の低位にあり」と書かれています。日本語を「国語」としていた侵略者の教育政策なのです。そして、その教育方針は次のように書いています。なお御聖慮、勅語、聖恩の前は一字空けて書いてあります。

国体明徴、内鮮一体、忍苦鍛錬の三大教育方針を徹下せられ半島教育に画期的改革を見るに至り内鮮人等しく皇国臣民として同一法規の下に教育を受けること、なりかくて学制上全面的に内鮮一体の趣旨の具現を見るに至れり。

又本年（昭和十四年）五月二十二日陸軍現役将校学校配属令施行十五周年記念として行はれたる全国学生、生徒代表者御親閲の盛儀に際し、本道よりも関係学校代表者参加の栄誉を擔《にな》ひたるは、一視同仁の　御聖慮に基くものにして洵《まこと》に感激に堪へざる次第なり、且つ同日青少年学徒に対しては、特に優渥《ゆうあく》なる　勅語を賜へるが、各学校に於ては教育に関する　勅語と共に、之が奉裁実践に努め、以て　聖恩の萬一に仕え奉らんことに邁往しつゝあり。

日本帝国主義の植民地では、このような天皇制国家の臣民政策を教育方針にして支配していたのです。この「要覧」は、わたしの生まれる四年前のものです。五木寛之は七歳になっています。五木寛之の父は、このような時代の朝鮮に中学校校長として赴任していたのです。その町には五木一家以外には警察官一家だけが日本人（朝鮮では「内地人」とよばれた）です。中学校の校長になっての植民者でした。その地で五木寛之は敗戦を迎えます。一三歳の時です。五木寛之は、支配者の植民のこどもとして育ったのです。そして、その立場は、敗戦で一気に逆転したのです。

朝鮮半島で敗戦を迎え、日本に引きあげた五木寛之の感性の発露は、朝鮮半島での少年の体験からはじまっていたのです。その後、苦労して大学にかよい、いろいろな仕事をして、やがて小説家になります。駒尺喜美は、その五木寛之に『雑民の魂』の叫びを聞き続けていたのです。

6

では、「金曜デモ」の声は、いずれでしょうか。わたしには、雑民の声とその亜流が混淆しているると思います。何故混淆しているのでしょうか。それは、五木寛之の小説のようにエンターテイナーにまで昇華するリビングを具体化していない人も参加しているからです。原発に厳しく目が向いても「資本」が自分を牛耳っていることに気づかない人もいると思うからです。「郷党社会」の生活者であるという己を見ていないからです。もちろん覚醒している人がいます。しかし、それでも丸山真男が指摘した「非人格化＝合理的思考の建前と、直接的感覚の仕来り」に浮浪した「精神」と「構造」に漂っている皮相から免れえない人もいるという他ありません。だから野田佳彦首相（当時）は、デモのシュプレヒコールを「やかましい音」として聞いたのではありませんか。それはまた、「無責任の体系」に憑依する「おとな」の政治家の感性です。丸山真男のいう「無責任の体系」と駒尺喜美の五つの命題と重ねて思い出してみるといいでしょう。その一番から四番は、「金曜デモ」以前に、日本及び日本人の政治及び資本のあり方を糺していたのです。一九七七年、駒尺喜美は日本の政治、資本の背理をすでに見抜いていたのです。「金曜デモ」は、駒尺喜美の命題の現れです。「おとな」の政治の実態を丸山真男から再度、引用してみます。

技術も機械も、生産関係も、議会制も、みな同じ平面で物質的「メカニズム」として等視され、それの存否によって普遍的近代化が卜せられるのである。けれども機械それ自体は世界共通であっても、人間関係が介在した制度はすでにカルチュアによって個性的な差を帯びる。法的規定では同じ選挙「制度」が、個々の選挙民の投票行動のちがいによって、――たとえば部落寄合による満場一致の推薦で候補者が決定される場合と、個人的選択が支配的な場合とでは、同じ政治制度としては機能しない。憲法制度のように、元来政治倫理的要素が内包されている場合には一層、制度における精神を含めた全体機能が問題にされねばならない。

（『日本の思想』岩波新書、三六～三七頁）

先述した抽象をぐらぬ「具体」であるかぎり、権力の根拠を問う姿勢はそこからは形成されないという丸山真男の批判と重ねて読んでみてください。つまり、憲法をはじめ政治や教育などすべての「制度」が、「文化」にまでなっていないのです。人々のリビングになっていないのです。『日本の思想』のたしかな指摘です。憲法が「制度における精神を含めた全体機能」にまで未だ達していないのです。根づかなかったです。それは全共闘世代であるわたしの体験でもあります。バリケードの内では「仲間同士」であることに酔っていました。「金曜デモ」に参加している一人ひとりが、反原発・脱原発からどのようなリビングを果たしているかが問われる所以です。そのとき現在（具体）が変わります。わたしは、二〇一一年の年賀状に、つまり3・11の数カ月前に、柄谷行人のことばを引用していました。

ぼくは、ぼくの時代（濁世）を、柄谷行人さんの『マルクス　その可能性の中心』から思惟したことがある。豊かさを象徴する商品は一見すれば、生産物でありさまざまな使用価値であるが、よくみるならば、それは人間の意志をこえて動きだし人間を拘束する一つの観念形態である、ということ。また「資本は世界を文明化するためではなく、自らが存続するために技術革新を運命づけられているのである。ほとんど無益と思われるような技術の革新も、資本が存続するためにこそ不可欠なのである。それは人間の自然な必要からではなく、『価値』による転倒から生じる」と。

「資本は世界を文明化するためではなく、自らが存続するために技術革新を運命づけられている」という現実にどうして向き合えないのかと伝えたかったのです。「すこしまずしく、すこしひもじく、すこしさむく」といった女性宗教者がいました。またわたしは、「地産地消、そしてよく見て、よく歩く」ことを同人誌の仲間に強調しました。「よく見る」は、画学生の時代からの習学であり「よく歩く」は、自分がどのような時代社会に生きているかを自らに問うことです。諸外国もその対象でした。そして、時代社会を、自分を含めて糺し、変革しえないならば、資本を問うことはできないと思ってきたのです。そしてそのための「抽象をくぐった具体」をわたしは浄土真宗に学んできたのです。わたしは、大地が尊くなりました。親鸞に学び、漱石に学び、丸山真男に学び、駒尺喜美に学び、柄谷行人に共感しているわたしに気づかされたのです。

「いじめ」で自殺するこどもがいます。大津市の中学校で起きたいじめでは、自殺の練習をもさせていました。自殺したこどもの両親が学校とその関係者に七千七百万円の補償を訴えました。現代社会では、当然の代償になりましょう。いじめに思想はありません。反倫理的な品性のない行為でしかありません。それをどのようにこどもに話してやるのか。教えるのか。「いじめをしたり、いじめに加わったら大変なことになるからね。塾の授業費も家のローンも払えなくなるのよ。大学にも行けないのよ」と諭すほかないのが日本の「現実」でしょうか。現代社会は、こどもの教育も資本につながっています。それが市場を占有することを目的にしてきた資本の現在です。もとより、そこでは、お金に自縛されているだけではありません。自己否定だけでもすまされません。お金がないのは、価値のない商品とおなじなのです。商品にもなれないときはゴミとなります。それも再生できないゴミのごとき存在になります。

漱石、そして五木寛之の小説から生まれた駒尺喜美の五つの命題は、「無責任の体系」のもとになりたっている資本の大欺瞞を徹底して批判しているのです。資本に異議をとなえる命題であるのです。敗戦後、奈良県生駒の宗教コミニュティーや山岸会といったコミニュティーが次々と生まれた時代もありました。地域貨幣の試みもありました。また、柄谷行人は一九八二年、アメリカで生まれたＬＥＴＳ（地域交換取引制度）からＮＡＭ（New Associationist Movement・柄谷行人『原理』太田出版、二〇〇〇年参照）を立ちあげました。それらのいずれもが資本と対抗する理念や理想を掲げていたことも確かです。

還る責任

1

いまある浄土真宗の本山・本願寺は、親鸞とその同朋たちが生きていた時代の浄土真宗と必ずしも同じはでありません。それは、本願寺が親鸞没後に造られ、時代社会とともに変容してきたからです。それは同じく世界宗教とよばれるキリスト教、イスラム教、仏教の歴史にも時代社会の強い影響力が及ぶことがしばしばありました。時代社会の権威や権力の側に立ってしまうことがあったのです。また、それ自身が権威となったこともしばしばあります。そして戦争をすすめたこともあります。

本願寺は親鸞の孫の覚如によってつくられた寺院です。一九六一年から八年かけて編集された『本願寺史』（西本願寺出版刊の三巻本）があります。そこでは親鸞と本願寺の歴史が説かれていますが、本願寺の位置から書かれた親鸞であり、歴史になっています。もとより、親鸞は、本願寺の存在を知りません。そして、これまでの本願寺史には、覚如や蓮如の作ってきた本願寺を浄土真宗の「正史」にしようという意向も強く感じます。そして、そのことを批判した研究者もいます。西本願寺系には二葉憲香や信樂峻麿がいました。本願寺史の思想にきびしい見方をしています。

京都に行かれた人はご存じでしょうが京都駅から歩いて三、四分、烏丸通りを北に歩くと真宗大谷派の本山・東本願寺があります。京都市内でも屈指の大伽藍です。山門を入って左側の大きな伽藍が阿弥陀堂で右のより大きな伽藍が御影堂です。阿弥陀堂には浄土真宗の本尊である阿弥陀仏がまつられています。そして御影堂には浄土真宗の宗祖となった親鸞がまつられています。いま宗祖となったと書きましたが、親鸞は宗派を作った人ではありません。いまある宗派は、先述したように、親鸞の孫やその同朋たちがつくりだしたものです。京都駅から七条通りにでて西に一〇分程歩くと堀川通りにでます。京都の人は北に向かうことを「あがる」、南に向かうことを「さがる」というのですが、そこを二、三分あがると、浄土真宗本願寺派の本山・西本願寺に行けます。東本願寺とよく似た大伽藍に圧倒されるでしょう。でも西本願寺の阿弥陀堂と御影堂の位置は逆です。右側の大伽藍が阿弥陀堂であり、左側の大伽藍が御影堂です。東西本願寺は幕藩時代には門跡寺になっていました。門跡寺とは「出家した皇族や摂家子息などの寺院に与えられた称号」(『浄土真宗辞典』本願寺出版社、二〇一三年)です。同辞典には、本願寺第十一代顕如のときに列せられたと書かれていますが、それは本願寺と織田信長との争いである石山戦争に天皇の権威をもって「和睦」させられたことに対する見返りです。ちなみに東本願寺は、石山戦争の和睦に随わなかった顕如の子息である教如によって創建されました。両本願寺は、下克上の時代から信長、秀吉そして家康とつづく時代社会に、「一向宗」とも呼ばれていた浄土真宗の勢力を封じるために生まれたともいえるのです。西本願寺の南に幅二間ほどの道をへだてて七条通りに面したところに、小さなといっても、それは西本願寺に比較して小さなだけで結構大きな伽藍があります。興正寺です。興正寺も浄土真宗の一派の本山なのです。西本願寺はかつて興正寺を脇門跡といってきましたが、それは字のごとく本願寺の地位に准ぜられた寺院という意味です。また本願寺の法主（住職）には、天皇家に相似した権威があたえられていたのです。「小文字の天皇制」と理解していいでしょう。ちなみに先の大戦の敗戦以前の西本願寺の法主（いまは門主とよばれている）は、いったん公家の家系である九条家の猶子《ゆうし》となってから門主に就任することになっていました。『広辞苑』には、「猶子」を「① 兄弟の子。甥。姪。②兄弟・親戚、または他人の子を養って己の子としたもの。名義だけのものと世継とするものとある」と説明しています。ちなみに『諸橋大漢和辞典』にも『広辞苑』と同じ意味が書かれています。「兄弟親友又は他人の子を己の子としたるもの」と読めます。いま学生のレポートの「指南役」であるウィキペディアをのぞいてみますと、九条家とは、「藤原氏北家嫡流の藤原忠通の三男である九条兼実を祖とする。藤原基経創建といわれる京都九条にあった九条殿に住んだ事が家名の由来」などと書かれています。家紋は「九条藤」です。そういえば大谷家の家紋も藤紋です。こうした本願寺の権威制度についてもいつかふれたいと思いますが、こうしたことも浄土真宗を学ぶことから知ることができました。

2

東西本願寺が二〇一一年を「親鸞聖人七五〇回大遠忌」の年と定めてから、市場に親鸞に関係する本がたくさん出版されました。さまざまな親鸞に関係する本が売れた理由です。なかには数十年前に亡くなった編者の本が復刻されています。二葉憲香編『浄土真宗の祖　親鸞』（新人物文庫、二〇一一年）などはそうです。その一方でたのしく読ませてくれる五木寛之の『親鸞』も新聞に連載されました。「おもしろいですね」とか「つまりませんね」の評価でいいのです。ところが学者や研究者として知られている人が、その立場でもって、推理小説まがいの「親鸞」を書くことをわたしは評価しません。研究者としての品位を疑います。しかし、品位がないと思うほかない本や雑誌も売られているのです。末木文美士が宗教雑誌に連載していた「親鸞」もそうした評価ができるでしょう。数世代前の研究者は、親鸞の履歴にはそう関心は向かいませんでした。むしろ浄土真宗の教義が主だったからです。清沢満之、暁烏敏、曽我量深、金子大栄、安田理深など真宗大谷派（東本願寺）の人たちです。一方の浄土真宗本願寺派（西本願寺）の教義研究は「伝統」を重んじ保守的な傾向が強く、戦後になってもその研究は宗学とよばれ親鸞の著作の訓詁が主でした。そうした伝統宗学から超えたのは二葉憲香や信樂峻麿です。いまもそうですが、西本願寺から出版した機関紙や伝道誌に信樂峻麿は入っていません。

わたしがもっともはやい時期に読んだ親鸞につながる文学は、岩波書店から出版された倉田百三の戯曲『出家とその弟子』です。プロローグには、親鸞の『正信念仏偈』一節が書かれています。その前ページには、「此の戯曲を信心深きわが叔母上にささぐ」とも書かれています。初版は一九一七(大正六)年です。その翌年、有楽座で初演されます。わたしの所持しているのは「大正十一年五月十日百廿一版」です。きっといまでいうベストセラーだったのでしょう。その後は野間宏の『親鸞』だと思います。野間宏の『親鸞』も是非読んでおきたい本です。また戦後、俳優の三國連太郎は『白い道』に法然と親鸞を書いています。もとよりそれは何人かの研究者や脚本家などが書いたものです。いまわたしの手元には文庫本しかありませんが、文庫本の奥付では一九八二年が第一刷です。五木寛之の『親鸞』以前の小説として楽しい本です。三國連太郎も駒尺喜美の書いた『雑民の魂』を親鸞に描きたいと思っていたように思えます。『白い道』は映画にもなりました。わたしはその制作のロケ地で、一度ならず三國連太郎を訪ねています。その時のロケ地は琵琶湖湖畔の高島町だったと記憶しています。きれいな砂浜と松林があり湖上から肌を刺激しないやさしい風がありがたかったです。疲れをいやす風です。しかし、比良八荒ということばがあるように春浅い時節には琵琶湖も荒れる日が少なくないのです。三國連太郎と会ったのはあたたかな春の日だったのです。そして、わたしは一度会った時から三國連太郎のファンになりました。三國連太郎はわたしより二十歳年上ですが、その語り方に魅せられました。なんとか三國連太郎のような語り方が、人を魅了する俳優のあの語り方ができないかなと思ったほどです。でも、まねしてできることではありません。

三國連太郎の小説の前に親鸞を書いた人もけっこう多くいます。でもわたしは野間宏が好きでした。野間宏の父は浄土真宗の道場を自宅にひらいて親鸞の教えを説いていたといいます。その父の子である野間宏の『親鸞』は、いまもわたしの愛読書です。その「はじめに」には、

私は一九七三年親鸞生誕八百年には、この『教行信証』を中心にすえて親鸞を見直すということがなされ、その考えるところが日本全体に、さらに世界に広げられることを願うものである。もちろん親鸞はその価値をもっており、その価値は当然日本全体に認められ、また世界にも受け入れられるにちがいない。

（岩波新書、一九七三年、三頁）

と書かれていますが、本願寺は、この野間宏の思いに応えることができたとは思えません。親鸞の思想を、世界に受け入れられるような思想に展開する学識と思想力が本願寺にはなかったのです。でも個人はいました。信樂峻麿がいました。東本願寺には訓覇信雄がいました。しかし、本願寺の伝統そのものが応えようとしなかったのです。正しく親鸞をたどれる人はいても、本願寺という体制と組織は、親鸞の自立した、あの横超するリビングを失っていたのです。そればかりか、本願寺の現実は、野間宏の願うところと逆に向かっていたのです。それは本願寺の伝統を資本としたからです。資本に帰依していたのです。先述した『現代語訳しんらん』の一〇巻の月報

におもしろいことばがありました。「貧しく謙虚なる篤信の僧なほもて往生をとぐ、いわんや無恥不遜なる坊主どもおや」（佐々木孝丸）です。墓財にあけくれる本願寺を『歎異抄』の一文をまねて揶揄したことばであることはまちがいありません。

3

一九四五年の敗戦によって東西本願寺は、近代天皇制国家の枠組みから放れるのですが、しかし、両本願寺は、親鸞とその同朋の方向に向かうのではなく、新たな資本におもねる出発点に立ったのです。それは、逆説でも何でもなく、新たな帝国主義化に過ぎません。同時に西本願寺は「旧弊」を「伝統」と読み替えてきたといえるでしょう。今年（二〇一五年）になって知ったことですが、広島の浄土真宗の寺院から『見真』という機関誌を発行していることを友人から知りました。その「見真」とは、一八七六年、明治天皇からの諡号です。諡号とは「生前の行いを尊び死後に贈られる称号」（『広辞苑』）で、本願寺では親鸞を「見真大師」ともよんでいたのです。西本願寺の御影堂には、内陣と外陣を仕切る棟に掲げられた「見真」と書かれた大きな額がいまも飾られています。その額は明治維新から国民国家に向かう時代と、そして天皇制帝国主義日本の時代の精神をも掲げているのです。飾りにしてはあまりにも親鸞と背理した精神に染まる額なのです。そのような「見真」という文字を機関誌の表題にしていることに驚いたことです。

では現代世界は、どのように変わっていくのでしょうか。柄谷行人は『世界史の構造』のなかで次のような分析を行っています。

一九九〇年以後の時代は「自由主義的」ではなく、逆に「帝国主義的」であるといわねばならない。というのは、この時代は外見と違って、前代のヘゲモニー国家が衰退し、且つ、それにとってかわるものが存在せず、複数の国家がつぎのヘゲモニーをめぐって争う段階に入ったからである。（四一七頁）

歴史が反復しているのです。主導権をめぐって争う段階なのです。柄谷行人の思惟から次のことがいえます。複数の国家には、まず中国、インドがその方向に進んでいます。際だっているのは中国です。そしてその中国にとってもっともうとましいのが日本ではないでしょうか。それは戦前戦後の歴史に明らかです。一方でイランや北朝鮮、シリアなどは帝国主義的に見えても、その実質は、グローバリゼーションの外周を補っているだけです。ということからいえば、本願寺もかつては日本帝国主義の外周と内側を補っていたという他ありません。

また「アラブの嵐」によって露わになったエジプトをはじめとする中東の国々の民衆の多くは欠乏感にさいなまれています。二〇一四年以後、欧米を畏れさせている「イスラム国」もそうです。つまり、一九九〇年以後に進行した事態は、アメリカによる帝国主義の確立ではなく、多数の「帝国主義」の出現になっているのです。それら多数の帝国主義のせめぎ合いが続く時代こそ「帝国主義的な時代」であるといえます。そして忘れてならないことは、帝国主義の最大の公共事業が戦争であるということです。日本もまたその状況に乗り遅れていません。南京の大虐殺を顧みる日本人がどれほどいることでしょう。安倍内閣の「集団的自衛権」はその「公共事業」をするぞという宣告です。ただフクシマの現実によって目下、日本の公共事業は、土木工事が主流です。

二〇一四年九月、中東イラク、シリアにまたがる「イスラム国」というあらたな「国」に欧米諸国は猛反撃を始めています。その「イスラム国」のなかに欧米やオーストラリア、カナダなどの国籍の青年が数多く参画しているというのです。その参画の動機はわかりません。しかし、わたしは、その多くが欠乏感によるからだと思います。「イスラム国」はまったく新たな理念で立ち上がっているのではなく、帝国主義の矛盾、帝国主義の根幹から生まれた帝国主義の過激化に過ぎません。そして彼らもまた資本の消費者であることによってわたしたちと同じ生活を強いられているのです。「差異」を生み出したかに見える彼らも資本の手段にしかならないのです。

消費は、資本にとってもっとも価値ある手段です。しかし、目的ではありません。どこまでも手段なのです。その結果、つねによき消費者であることを豊かさと読み違えてきました。労働も消費のためにあることにより価値があります。マルクスがラッサールを批判した言説は、いまや古典化しているのですが、その基軸は古びていません。資本が消費を手段として自己増殖する社会であることに変わりがないのです。そうした原理に見舞われた社会に、野間宏の『親鸞』(特装版)

の帯には資本に即するのではなく、「転換の時代に〈人間〉を読む！」と書かれています。しかし、時代社会は人間を読むのではなく、人間を消費する時代になっていたのです。

4

振り返ってみると、八〇年代までの日本は、親鸞研究に新たな展開をはじめたかのような雰囲気がありました。そしてなによりも敗戦後まもなく獄死した三木清からはじまり野間宏などが親鸞を書いています。親鸞の本が数多く世に出てきたのです。

親鸞についての研究はもちろん戦前にもあります。しかし、教学者とよばれる人の多くは、親鸞が、どのような時代のもとでリビングをしていたかということにはあまり関心がなく、親鸞その人の生きた姿や生き方ではなく、教団・本願寺の伝統を装飾していたように思えてなりません。また、戦前の本願寺の「戦時教学」を批判する教学は、アジア太平洋一五年戦争の加害責任を糾明しています。戦争に無批判無反省な教学者や本願寺の体制批判でした。さらに軽薄を重ねるのは、その後の歴史的研究者です。実証不可とでもいうべき親鸞の歴史を語る論文が多くなりました。ミステリー小説のようです。小説ではあたりまえのことですが、親鸞研究者と称する研究者にもそうしたスタイルが常套になっている感がします。それらの多くは野間宏や吉本隆明、三國連太郎を手段として再生産されているようにも読めます。しかし、そこには、先述した往相還相そして横超を生きている親鸞を読むことはありません。

戦後、天皇制の研究も多いに進みました。かつてのように不敬罪になるということもなくなったのです。しかし、本願寺では、いまだ自己疎外し門主制を評論しない雰囲気が支配しています。戦後世代のなかには本願寺と天皇制の史的研究をあたりまえだと思っている人も少なくありません。しかし、「本願寺むら」では、暗黙の了解として門主制を論じることを禁忌とする雰囲気があります。本願寺外郭団体の財団法人・同和教育振興会の研究紀要『同和教育論究』(一〇号、一九八八年。一一号、一九八九年)に書いたわたしの論文「顕如上人と本願寺」上下の最終章は、「削除」されているところがあります。その理由は門主制を論じていたからです。わたしは、門主制を、天皇制の擬態「小文字の天皇制」として論述していたのです。

具体的にいいますと、同和教育振興会を牛耳っていた人たちが、最終章を「善意」で削除したのです。わたしは論文のすべてを撤回すべきでした。「水平社宣言」を起草した西光万吉は、本願寺の被差別部落の寺に生まれました。被差別部落の寺院は、穢多寺とよばれ、僧侶は穢多僧とよばれて教団内でも差別されていたのです。そうしたなかで西光万吉は本願寺の差別体質に異を唱える見識のある僧侶でした。念仏者でした。いま思うとわたしに迷いがあったのです。それは論文の内容ではありません。本願寺との関係でした。

5

わたしが親鸞のすごさを実感したのは、先述したように往相と還相そして横超であり、『教行信証』「後序」に書かれた「主上臣下、背法違義成忿結怨」という親鸞の批判の精神でした。なんども自己を問われました。『教行信証』は、彼が関東に流浪している時代から構想されていたといわれていますが、親鸞の生きていた時代社会を想像しますと、そのころの関東は、都からは遠く、植民地のようなイメージであります。事実、そこは荘園であったと思えます。かつてエーゲ海に面して栄えていたというイオニアもギリシャから遠く離れています。そのような遠く離れた地で、親鸞は、かなり多くの経典を見ることができたようです。希少で身分の高い人だけが読んだり持っていたと思える経典です。さらに紙をも手に入れることができたのです。

ヨーロッパでは、いまから三六〇年ほど前、スピノザが弾圧されますが、それは、既成のキリスト教やユダヤ教の「神」を否定していたからです。しかし、時代社会が違っても、人々のこころを惹きつけておかない思想は、つねに生まれてきたのです。鈴木大拙は、その思想を「霊性」とよんでいたのです。信樂峻麿は、霊性にめざめることが信心（念仏）であると説きました。本能は「情性」であり、わたしたちの社会では情性のもとに「理性」が日常的に働いているのです。技術はその理性の手段として留まることなく開発されているのです。それに対して霊性は、理性では不可能な世界へのめざめであるのです。めざめつつ、思惟しつつ生きることが「浄土真宗に還る」ことなのです。

現代文明が、「人間の〝自然な〟必要からではなく、『価値』による転倒」（柄谷行人『マルクスその可能性の中心』講談社学術文庫、七九頁）による技術革新を礼賛しているかぎり、人間のみならず自然を疎外する、また疎外される現代文明のシステムから脱出することはできないでしょう。親鸞が思惟した往相と還相の二種の廻向は、その疎外から横超する思想の実践なのです。それは、人間（わたし自身）を疎外している資本から「己自身」の精神・身体を回復することであり、往相と還相は、他者とともに自立した主体関係を構築する横超の実践なのです。

ここでいう自立ということばについて、わたしの理解と実践をもう少し書いておきます。自立とは、わたし自身です。でも考えてみてください。一日二四時間、一体どこにわたし自身があるのでしょうか。わたしの一日は睡眠時間から食事、家事、読書、買い物といろいろしているとも う自立していると思える時間はほとんど感じることがありません。つまりわたしの時間は、すべて睡眠や他のモノ、市場やエネルギーを費やしている時間ばかりなのです。そのような生活からどうして浄土がイメージできるでしょうか。でもわたしは、ある女性の生活を見ていて学んだことがあります。彼女は毎日、パートのアルバイトに行く女性です。四〇歳ぐらいの人に見えました。彼女は毎日、出勤するまえにあるお寺に参詣するのです。そのために彼女は往復一時間以上を無駄にするはずです。それにそのお寺にはお坊さんがつねにいるわけでもありません。京都のよく知られたお寺でもまずお坊さんは見ません。参拝券を売る人か掃除をしている人ぐらいしか見ないのです。約束のない参詣人を待っているお坊さんなどまずいません。彼らは彼らの決まった儀礼を日常の決まった時間にしているかのごとくです。参詣者と接して声を掛けるようなお坊さんにはまず出会うことはありません。それなのに彼女は毎日、参詣しているのです。誰もいない本堂で合掌してお経を称えて、それから出勤するのです。そんな時間があるのなら一時間でも早く出勤して少しでもお金をもらった方がいいのではないかと思ったりしました。でもそれは浅薄な思いに過ぎないのです。実は、彼女は自分の時間と場を創造していたのです。一日は二四時間です。そのなかに彼女は、資本に干渉されない、市場にも貢献しない、彼女自身の時間と場を作って自立していたのです。それは、二五時間目の時間と場を作っていたといってもいいでしょう。二五時間目は安田理深を学匠とする岩橋政寛（真言宗東寺派の僧侶）から教えてもらいました。

自立する、主体的に生きるとは、このようなことではないでしょうか。それは趣味ではありません。趣味でゴルフに行く人がいますが、わたしには、自然破壊と資本に寄与しているだけとしか思えません。あの人工の整った芝を保つためには、どれほどの薬が必要か。そして、どれほど自然を損なっているかを思う人も少なくないでしょう。ある夏の日の午前中、ゴルフ場を歩くことになりました。芝の照り返しに顔面が真っ赤になり驚いたことがあります。薬焼けと診断されました。それになによりも森を伐採し動物のすみかを奪うだけでもわたしはゴルフがすきになれません。身体を鍛えるのであれば、一日、自然そのものの野山を歩けばいいのです。そのように考え実践すれば墓場も自然を損ねています。親鸞は、鴨川の魚のエサにでもなればよいといったのですが……。

わたしの「正しい大人」への入門は、いま思うとこどものときです。近所の清水焼の窯元の小川のおじいさんが毎年、愛宕詣りに連れていってくれたのです。最初は小学五年だったと思います。七月末日の夜に愛宕山上の愛宕神社に登るのです。千日詣りとよばれています。愛宕山は京都市内からのぞめるもっとも高い山です。小川のおじいさんは修験者の装束でした。山頂からは、はるか遠くに、京都の町あかりが見えます。そしてもう眠たくて仕方ない時間にいつもは下から見上げる太陽がはるか遠くの低い東山に昇ります。ご来光です。それから月輪寺にまいります。ここは空也が行をしたといういい伝えのある小さなお寺でした。そこで朝食をいただき昼まえに下山するのです。毎年、この愛宕詣りが楽しみでした。参詣ではありません。山登りが楽しかったのです。その後、少年から青年の時代は、北山から比良山、そしてアルプスと登山にあけくれました。登山家になるのではなく自然のなかにいることが楽しかったのです。朝、七条大橋から初冠雪した比良山をみると、そのまま学校に行かず山に向かいました。真冬に弟たち三人で比良山の蓬莱山をめざしたこともあります。山腹でテントを張って寝ました。朝起きるとテントの半分が雪崩で押されていてびっくりしたこともあります。そのころのわたしには山がきっと浄土だったのです。

6

フクシマではいまも被曝のために生まれ育った地から追われる人々がいます。宗教も放射能を除くことはできません。ヒロシマ・ナガサキはなにを日本に教えてきたのでしょうか。こうした疑問に答え得る「正しい大人」の存在は可能なのでしょうか。

3・11から一年五カ月を経過した二〇一二年八月一一日の朝、わたしは、インターネット上に恐るべき研究結果が発表されていることを知りました。放射能のすさまじい自然への影響力です。被曝の現実です。時事通信は次のように配信していました。

福島第一原発事故の影響により、福島県などで最も一般的なチョウの一種「ヤマトシジミ」の羽や目に異常が生じているとの報告を、大瀧丈二琉球大准教授らの研究チームが十日までにまとめ、英科学誌に発表した。放射性物質の影響で遺伝子に傷ができたことが原因で、次世代にも引き継がれているとみられるという。

大瀧准教授は「影響の受けやすさは種により異なるため、他の動物も調べる必要がある。人間はチョウとは全く別で、ずっと強いはずだ」と話した。

研究チームは事故直後の昨年五月、福島県などの七市町でヤマトシジミの成虫一二一匹を採集。一二％は、羽が小さかったり目が陥没していたりした。これらのチョウ同士を交配した二世代目の異常率は一八%に上昇し、成虫になる前に死ぬ例も目立った。さらに異常があったチョウのみを選んで健康なチョウと交配し三世代目を誕生させたところ、三四%に同様の異常がみられた。

ヤマトシジミの異変は、被曝の現実です。「人間はチョウとは全く別で、ずっと強いはずだ」というコメントはまったく信用できません。それは強い弱いの問題ではないのです。自然を改ざんし破壊しているのです。ヤマトシジミも大地の生き物なのです。その大地の植物も被曝しているのです。ヤマトシジミは、被曝した花の蜜を吸っていたことでしょう。これはとほうもない現実を生み出しているということです。これが「おとな」の仕業なのです。資本なのです。

スピノザも親鸞もこのような仕業を神や阿弥陀仏の仕業と認めることはありません。ヒロシマ・ナガサキそしてフクシマへ被爆から被曝と、「おとな」は資本をもって自然に反する行為を無責任に引き継いできたのです。それへの怒りをどのように綴ればいいのでしょうか。わたしは資本に対抗する以外に、自然界に生存する役割もなければ、生存を主張することばも思いつきません。鳥の声に耳を澄ませていればいいのでしょうか。それとも蛮勇を強いるためにワグナーを聴いてみることでしょうか。それとも倉敷の大原美術館にいまいちど訪ねて画学生だった時代の世界への感受性を思い出してみるのがいいのでしょうか。それは些細なようで同時に、時代に相乗してきたわたしを見ようとしていることに気づきます。「門の下に立ち竦んで、日の暮れるのを待つべき不幸な人であった」に過ぎません。では「正しい大人」はどうあるべきなのでしょうか。漱石は、親鸞をインデペンデントな人であるといっています。それは海鼠を初めて食った人とも比較できない偉さです。スピノザは自然権に「正しい大人」の生き方を示しています。スピノザの『神学・政治論』(岩波文庫・下巻)の第二〇章は次のように書かれています。

精神が絶対的に他者の権利のもとにあるということは決してあり得ない。何びとも自己の自然権を、或は一切について自由に思惟し・判断する能力を、他者に委譲したり、他者に委譲するように強制されたりすることは出来ないからである。その結果、若し支配が精神の上にまで及ぶとしたらその支配は壓制的な支配と見做されることになるし、又最高主権が、人は何を眞として認め、何を偽として拒け、更に又如何なる見解に依つて各人は自己の精神を神に対する畏敬へ駆らねばならぬかを各人に規定しようとするなら、その最高主権は臣民に対して不法を犯し、臣民の権利を奪ひ取るものと見られることになる。かうしたことは各人の権利に属し、何びともそれをたとへ放棄しようと思つても放棄することが出来ないからである。

(同二七一～二七二頁)

「臣民」という訳語にとまどいますが、ここでの臣民は、天皇制下の民衆ではありません。むしろ民衆に選ばれた王権です。逆に言えば、民衆を守れない王権は、民衆によって排除できるのです。スピノザの自然権は、そのような民衆が自立した主体であることを説いているのです。「何びとも自己の自然権を、或は一切について自由に思惟し・判断する能力」を「最高主権」は、奪えないのです。そうした歴史は、日本にもありました。親鸞と同朋である「れうし・あき人さま〴〵のものは、みないし・かわら・つぶてのごとくなるわれらなり」は、「最高主権」の「壓制的な支配」を横超によって大地に自立する主体者たちだからです。「自由に思惟し・判断する能力」をリビングし、決して自分を為政者に委譲しなかったのです。また、近くには、アジア太平洋一五年戦争に兵役拒否した明石順三（灯台社）の仲間にも自立した人たちがいました。野間宏も軍法会議にかけられましたが、屈することはなかったのです。ドイツ人にもいます。南京で強かん、虐殺、略奪、そして放火する日本軍人の蛮行から二五万人の中国の人たちを守ったジョン・ラーベを賞賛します。彼の日記『南京の真実』（講談社、一九九七年）は、石川達三が『生きている兵隊』で書けなかった、書かせなかった日本帝国軍のおぞましさを補ってあまりあります。

おわりに

漱石が講演で語った親鸞、その「非常なインデペンデント」という、その生きざまを、この本では、「正しい大人」という言葉でいいあらわしました。漱石の作品のなかには、時代社会を冷笑的に語るところも少なくありません。金や名誉を得ようとする人間を駒尺喜美の示した五つの命題にあてはまる人や社会だと描いています。それはまた芸術の世界でも高く評価されるのは、独創的であるだけでなく、そこに品位があり「正しい大人」のマナーがあるかないかです。いくらアイディアが奇抜であっても、それは美術そのものとは思えません。文学も美術も同じです。「正しい大人」のマナーがそなわっていなくては、いかなるものも芸術にはならないとわたしは信じています。漱石の自然観に関心を寄せていた家永三郎は、それを日本の思想史の発達であり「頽落しゆく五濁の世にも少しもわずらはさるることなき自然の清浄への憧憬を一層やみ難きものとする」(「日本思想史に於ける宗教的自然観の展開」『日本思想史に於ける否定の論理の発達』新泉社、一九六九年、一二四頁)ことだと書いています。五濁とは『阿弥陀経』や親鸞の著作に読めることばです。信樂峻麿は次のように講義しています。

五濁というのは、劫濁・見濁、煩悩濁・衆生濁・命濁のことです。（中略）「濁」というのは、迷い、汚れということです。時代が末になるにつれて、五つの迷い、汚れが生れてくるということです。これは、ご承知のように、釈尊が亡くなった後に、だんだんと時代、社会が悪くなって、仏法がすたれていくという、末法思想と重なる考え方です。そのはじめの劫濁というのは、時代の汚れ、さまざまに時代、社会が悪くなるということです。見濁というのは、人々の思想、ものの考え方が悪くなること。煩悩濁というのは、衆生の煩悩がいよいよ増えてくること。衆生濁というのは、人間の道徳、倫理が乱れていくこと。命濁というのは、互いに命を奪いあうということ。これを五濁といいます。

（『教行証講義』第二巻、二〇二頁〜二〇三頁）

先ほどの「ヤマトシジミ」の異変は五濁の結果です。そして思うことは、『阿弥陀経』が説かれた時代や社会と資本が支配する時代社会との相似です。五濁を説かれてもいまのわたしに抗することは皆無に近いのです。逆に、だからこそ「正しい大人」が存在できることを思惟しなくてはならないのです。「正しい大人」のリビングをめざさなければならないのです。

駒尺喜美の『漱石　その自己本位の確立と連帯』や『雑民の魂』が提起したこと。そして柄谷行人の作品から学び思惟して書き始めた本書は、ここでもう一度、丸山真男に立ち戻りたいと思います。実はそれが近代日本というにとどまらず3・11後の日本の現在を理解できるからです。

柄谷行人もまた『世界史の構造』からさらに『帝国の構造』（青土社、二〇一四年）で示唆しています。それは、資本とデモクラシーへの懐疑です。そしてそこには、中国の亜周辺であった日本の地勢も読みとれますが、いまはそのような問題設定も必要ありません。何故なら資本にはすでに国境がないからです。列島日本の精神には、かつて特色があったかもしれません。しかし、その精神の歴史は、異端の排除として働いてきたに過ぎません。丸山真男は『日本の思想』の第Ⅰ章の「おわりに」の最初に次のように書いています。

> 私達の伝統的宗教がいずれも、新たな時代に流入したイデオロギーに思想的に対決し、その対決を通じて伝統を自覚的に再生させるような役割を果しえず、そのために新思想はつぎつぎと無秩序に埋積され、近代日本人の精神的雑居性がいよいよ甚だしくなった。日本の近代天皇制はまさに権力の核心を同時に精神的「機軸」としてこの事態に対処しようとしたが、國體が雑居性の「伝統」自体を自らの実体としたために、それは私達の思想を実質的に整序する原理としてではなく、むしろ、否定的な同質化（異端の排除）作用の面でだけ強力に働き、人格的主体——自由な認識主体の意味でも、倫理的な責任主体の意味でも、また秩序形成の主体の意味でも——の確立にとって決定的な桎梏となる運命をはじめから内包していた。（同六三頁）

「桎梏」とは「①足かせと手かせ。また、手足にかせをはめること。②厳しく自由を束縛するもの」

（『広辞苑』）です。近代の新思想、そして資本が、つぎつぎと無秩序に埋積された結果、原子力の「安全神話」も作られてきたのです。それは同時に「雑民」の生活にもっとも深刻な影響を与えてきたのです。政治、経済、教育、文化とあらゆるところで「雑民」を抑圧し支配し、そして排除するのです。それがわたしたちの現在なのです。その桎梏は、3・11でも明らかになったように政府、官僚、大企業の役員にもっとも都合の良い「伝統」として現前し続け「原子力の平和利用」というご託となってきたという他ありません。思想を整序する原理になるのではなく「むしろ、否定的な同質化（異端の排除）作用の面でだけ強力に働き、人格的主体――自由な認識主体の意味でも、倫理的な責任主体の意味でも、また秩序形成の主体の意味でも――の確立にとって決定的な桎梏となる」手段としてあり続けてきたのです。それは苫沙弥先生のもっとも嫌うところです。「雑民」をイミテーションに染めようという政治です。天皇制国家の体系です。スピノザの自然権を否定する体系です。そこではいかなる事態も異端の排除をもって処理され、自らのいたらなさに転化させるのです。そして、その体系には、責任ある主体が非在なのです。逆に漱石の小説が自然の描写でもなく体系の描写でもない所以は主体者を描いていたからです。丸山真男の論文にも漱石の『それから』を引用したところがあります。主人公の代助と嫂とが次のように語るところです。ちなみに傍点は丸山真男が付けているところです。

「一体今日は何を叱られたんです」

「何を叱られたんだか、あんまり要領を得ない。然し御父さんの国家社会の為に尽くすには驚いた。何でも十八の年から今日迄のべつに尽くしているだつてね」
「それだから、あの位に御成りになつたんじやありませんか」
「国家社会の為に尽くして、金がお父さん位儲かるなら、僕も尽くしても好い」

丸山真男は「この漱石の痛烈な皮肉を浴びた代助の父は日本の資本家のサンプル」（『現代政治の思想と行動』上、一一二頁）と断じています。

わたしは、こうした丸山真男の思想と行動にも多くを学びました。そして、時代社会を相対化できる思想が否定された体系からはインデペンデントは生まれえないことも知りました。同時にそれは責任が問えないという体系なのです。そしてたしかなことは、伝統的宗教が、それに深く染まってきたことです。浄土真宗に還るのは、そういうことへの気づきであるのです。地産地消もそのための営みであるのです。資本に対抗するための。

「正しい大人」が原発事故を逆縁としてどれほど育ったのでしょうか。その結果は、一二月一六日（二〇一二年）に行われた衆議院選挙にみてのように無残な結果になりました。そしてさらに選挙（二〇一四年一二月一四日）が行われましたが、わたしには、翼賛体制時代につながる、そして戦争のできる国になり、お金をもって世襲する政治家の不都合な事実を隠し、つづまやかに過ごしている高齢者の生活を脅かす政策がきわだっているとしか評価できません。

カントは、晩年の七一歳に『永遠平和のために』を著しましたがそのなかで次のように論じています。

人を殺したり人に殺されたりするために雇われることは、人間がたんなる機械や道具としてほかのものの（国家の）手で使用されることを含んでいると思われるが、こうした使用は、われわれ自身の人格における人間性の権利におよそ調和しないであろう。（岩波文庫、一七頁）

それは軍隊の手段だけではありません。資本の手段でもあるのです。

3・11を逆縁として反原発・脱原発の「金曜デモ」が続く時代に新たな市民社会の創造がまたれます。それはカントの精神とその思想にたどれる営みでもあるのです。谷口真由美はその実践を志している一人です。わたしの息子世代です。彼女は「全日本おばちゃん党」を立ちあげました。通称「おばちゃん党」の「前文」と「はっさく」（八策）を紹介します。

おばちゃんは、政治のことを自分たちのこととしてとらえ、日本の未来を真剣に考えています。おばちゃんは、自分だけが幸せ、自分だけが安全、自分だけがよい生活は、いやです。おばちゃんは、全世界の幸せな未来を考えています。ゆくゆくは、全世界おばちゃん党を目指します！

その１　うちの子もよその子も戦争には出さん！

その２　税金はあるとこから取ってや。けど、ちゃんと使うなら、ケチらへんわ。

その３　地震や津波で大変な人には、生活立て直すために予算使ってな。ほかのことに使ったら許さへんで！

その４　将来にわたって始末できない核のごみはいらん。放射能を子どもに浴びさせたくないからや。

その５　子育てや介護をみんなで助け合っていきたいねん。そんな仕組み、しっかり作ってや。

その６　働くもんを大切にしいや！　働きたい人にはあんじょうしてやって。

その７　力の弱いもん、声が小さいもんが大切にされる社会がええねん。

その８　だからおばちゃんの目を政治に生かしてや！

おばちゃん党の「はっさく」に拍手します。おばちゃん党は、豹柄のコスチュームでがんばっています。リビングしているのです。生きていることが「手段」ではなく「人間として」の「目的」となる社会をめざしているのです。おばちゃん党も「正しい大人」の同朋です。

日本が「大国」になる野望など捨てる時代です。そのためには、まずデモクラシーを懐疑しつつ、デモクラシーを尊重し、新たなデモクラシーを創造するリビングが不可欠です。それが「正しい大人」の社会への最初の可能性です。そしていま一言、「地産地消、そしてよく見て、よく歩く」ことです。そのわたしにいま「浄土真宗に還り、自由なる主体者として生きよ」という声が還ってきます。

阿弥陀仏去此不遠。

合掌

あとがき

3・11からこの間、友人の川瀬俊治、三上章道の両氏は何度も東日本大震災の地に足を運んでいます。しかし、わたしは病身でかないません。パソコンにメモっていたノートからこういう本ができました。六〇歳を過ぎてから読書がいよいよわたしの「仕事」ともなりました。ベッドの枕元にはいつも一〇冊ほどの本が置かれています。朝になるとあれはどの本だったかなと思うこともしばしばあります。この本はそうした読書から思惟してきた思いも書き連ねています。またかつて知人の依頼で書いた文書にこまかな表現を加えわたしの文書に直したところもあります。エピローグの「阿弥陀仏去此不遠」は二〇一四年九月に還浄された信楽峻麿師の遺偈です。

「はじめに」に書きましたが、二〇年前の一月一七日の早朝、阪神淡路大震災が起きました。その数時間後、車で震災地に向かいましたが、途中で車ではたどれなく引き返し翌朝、バイクを借りて震災地を巡り友人を尋ねました。わたしは戦中の一九四三年の生れです。その時、空襲の後もこういう状況なのかと想像しました。ただし阪神淡路大震災とこのたびの東日本大震災には絶対的な相違があります。大津波と福島第一原発のメルトダウンです。原発の破壊です。

かつて知人の息子さんが「原発ジプシー」（いまは「ジプシー」ということばを使いません。「ロマ」と表記します）となって半年後に白血病となり、更にその半年後に死亡しました。京都育ちのわたしにも原発は遠い存在ではなかったのです。そればかりか「原発銀座」という異名で知られる若狭は古くから京都とつながっています。それだけに福島第一原発のメルトダウンに深い衝撃を受けました。かくしてこの四年間、わたしの読書はその衝撃との闘いであったともいえます。この間、保滌祐尚氏、三上章道氏をはじめ友人の励ましで書けました。また三上氏から西本願寺では、親鸞の没年について旧暦表記から正しているという指摘をいただきましたが、本書では、西暦表記としました。「暦を征するものは世界を征す」というエッセイを書いたことがありますが、興味深いことです。

また、本書の出版にあたっては、川瀬俊治氏並びに東方出版の北川幸さんのご配慮と励ましに心よりお礼を申しあげます。ありがとうございました。

二〇一五年二月一日

橋本　徹

橋本 徹（はしもと・とおる）

1943年、京都生まれ。

龍谷大学文学部仏教科真宗学卒、浄土真宗本願寺派僧侶、宗教ジャーナリスト。『仏教タイムス』取締役編集長など歴任。

著書に『バチカン日記』(私家版)、『現代の部落差別』(共著) など。

京都府木津川市に在住。

浄土真宗に還る

2015年5月19日　初版第1刷発行

著　者 ―― 橋本 徹
発行者 ―― 稲川博久
発行所 ―― 東方出版(株)
〒543-0062　大阪市天王寺区逢阪2-3-2
Tel. 06-6779-9571　Fax. 06-6779-9573
装　幀 ―― 森本良成
印刷所 ―― シナノ印刷(株)

乱丁・落丁はおとりかえいたします。

ISBN978-4-86249-242-5